被疑者取調べ可視化のために

オーストラリアの録音・録画システムに学ぶ

渡辺 修＋山田直子［編］
日本弁護士連合会［協力］

はしがき

　本書は、2004年11月15日から19日まで、オーストラリア、ニュー・サウス・ウエールズ州（以下、NSW州）の公訴庁およびロックス警察署で実施した「被疑者取調べの録画システム」の運用の実際と問題点、効果に関する取材調査をとりまとめたものである。

　本調査は、日本弁護士連合会・被疑者取調べ可視化実現委員会が継続実施中の世界各国調査の一環として行ったものである。調査団は、後藤貞人弁護士（大阪弁護士会）を団長とし、秋田真志弁護士（大阪弁護士会）、小川秀世弁護士（静岡弁護士会）、吉田瑞彦弁護士（岩手弁護士会）が参加し、学者サイドから、本書編集を担当した渡辺修（甲南大学法科大学院）、山田直子（関西学院大学法学部）が加わった。

　調査を受け入れたのは、NSW州公訴庁の長官であるニコラス・カウデリー氏である。同氏との連絡・調整は秋田弁護士が担当した。同氏は、あらかじめ月曜日から金曜日まで5日間、午前・午後にわたる一連のセッションを用意して待っていてくれた。しかもわれわれが関心を持っている被疑者取調べの「可視化」のテーマに合わせて、講師陣には多様なメンバーを取り揃えてくれた。本文でも紹介するように、われわれのNSW州刑事手続の理解を助けるため、運用の概観からセッションは始まった。そして、ロックス警察署の取調室見学、実際の被疑者取調べの録画テープの閲覧、現場警察官との質疑応答をセッションの柱にしたうえで、法曹三者の目で公平に被疑者取調べ録画手続の運用・効果・問題点が浮き彫りになるように講師とテーマについて配慮してくれた。

　本書は、その一連のレクチャーを「被疑者取調べ可視化」を主たる柱にして編成し直したものである。それぞれ署名のある章を除いて、渡辺・山田がテープの反訳・編集の作業を行った。

　すでにイギリスの録音・録画システムについても調査結果を出版している（渡辺・山田監修『取調べ可視化——密室への挑戦——イギリスの取調べ録音・録画に学ぶ』成文堂・2004年）。あわせて参考にしていただきたい。

　なお、本書第3部では、日本人がオーストラリアNSW州の陪審裁判で薬物所持罪の被告人として裁かれた事件（シドニー薬物密輸事件）を紹介している。正木

幸博弁護士（大阪弁護士会）ら日本の弁護士が、オーストラリアで収監されていた被告人の家族の依頼により代理人として事件に関与することとなり、現地でも担当弁護士と共同して防御活動にあたった。本件を通して、NSW州における被疑者取調べの実情、録画システムの運用、公判に与える影響を学ぶことができるので、とくに依頼して本書に寄稿いただいた。ご協力に感謝申し上げたい。

　21世紀のわが国の司法は、制度面でも運用面でもそしてこれらを担う人的資源の面でも大きく変容しようとしている。一連の刑事手続関連立法により、公判前整理手続と裁判員裁判が導入され、被疑者国選弁護人制度が始まろうとしている。これら立法の動きに呼応して、すでに現場では準備手続の積極利用など運用自体が動きつつある。その頂点が、2009年に始まる裁判員裁判である。新しい裁判を担う法曹三者の少なくないメンバーには、2004年に開学した法科大学院出身者が加わることとなろう。

　そうした変化の一方、取り残された最大の問題は、被疑者取調べの「可視化」である。刑事手続全体の変革は、「可視化」の実現として捉えることができる。市民が観察し、監視し、参加する手続の拡充である。ところが、被疑者取調べについては、新たに「取調べ状況報告書」によって取調べの外形的な事実を書面で記録する運用が導入されたのにとどまる。被疑者の自白は、刑事裁判で極めて重要な証拠となる。しかし、その採取過程については、基本的に密室のままとなっている。

　裁判員裁判の場で、被疑者取調べのときに何があったのかを警察官と被告人の記憶に頼って再現することは、審理の長期化を招き、しかもそれでも取調べ状況については争いを残したまま最重要証拠の採否を決め、事実認定に利用する事態を招く。

　自白が信用できるかどうか、その前提となる取調べ状況については、客観的な証拠によって認定できるようにすること。これが、刑事裁判の公正さ・適正さを保障する最低限の条件であり、しかも、刑事裁判の目的である真相解明を実現するものでもある。

　21世紀のわが国の課題は、司法改革を通じて、世界をリードできる法治国家として再生することにある。先進国、アジア各国で、被疑者取調べの適正化——録音・録画手続の導入を進める国は少なくない。刑事司法の世界で、わが国が世

界の信頼を得るには、被疑者取調べの「可視化」は避けて通れない。
　本書では、NSW州の取調べ可視化について紹介することによって、わが国の現状を客観的に浮き彫りにし、同時に取調べ可視化に伴う諸問題について検討する素材を提供することを狙いとする。

2005年7月31日

渡辺修・山田直子

■調査団
　後藤貞人（弁護士、大阪弁護士会、司法修習27期）
　秋田真志（弁護士、大阪弁護士会、司法修習41期）
　小川秀世（弁護士、静岡県弁護士会、司法修習36期）
　吉田瑞彦（弁護士、岩手弁護士会、司法修習41期）
　山田直子（関西学院大学法学部専任講師）
　渡辺　修（甲南大学法科大学院教授）

■調査協力
　正木幸博（弁護士、大阪弁護士会、司法修習54期）

左から、公訴庁事務局のパーキンソン、小川、秋田、カウデリー、後藤、吉田、コンロン、山田の各氏

目次

はしがき 3
用語解説 11

私たちの主張──被疑者取調べ可視化の提言……後藤貞人・秋田真志 12
 あまりに不合理な密室取調べ 12
 わが国における可視化反対論とその批判 12
 オーストラリアを参考に取調べの可視化を 15

I　NSW州における取調べ録画の実務

ERISPによる模擬取調べ 20
 警察署概観 20
 被疑者取調べのもよう 21
 模擬被疑者取調べ 22

ERISPのある取調室……吉田瑞彦 31

コラム・「自白でっち上げ」撲滅 34

資料・ERISPガイドライン 36

II　被疑者取調べ録画手続の評価

1 検察官の視点──コンロン公訴庁バリスター 42
 被疑者取調べの録画手続と警察の視点 42
 被疑者取調べと信頼関係論 43

香港における経験と取調べの電磁記録化　44
　　　NSW州における自白の扱い　45
　　　被疑者取調べと時間制限　46
　　　被疑者取調べの手持ち時間と事件の解明　49
　　　真相解明と世論　51

2 マジストレイトの視点──ヘンソン裁判官　52

　　　ローカル・コートの役割　52
　　　被疑者取調べ録画と裁判官の負担減　52
　　　信頼関係構築と取調べ録画　54
　　　反省悔悟と被疑者取調べ　55
　　　共犯者と取調べ可視化　55
　　　共犯事件の取調べ　58
　　　故意の立証と取調べ　59

3 地裁判事の視点──ホスキング裁判官　61

　　　自白の電磁的記録システムについて　61
　　　取調べ録画システムの背景と功罪　62
　　　取調べの電磁的記録の諸問題　64

4 リーガルエイドの視点──レスター氏（ソリシター）　66

　　　法律扶助協会について　66
　　　NSW州の裁判所について　67
　　　公判審理概要　67
　　　一件記録綴りと刑事手続　68
　　　公判付託審理のための手続　69
　　　バリスターとソリシターについて　71
　　　証拠開示について　72
　　　証拠開示の諸問題　73
　　　証拠の許容性について　76
　　　弁護人の受任について　77
　　　弁護人との電話接見　77
　　　供述の証拠能力と電話接見の保障　79

被疑者取調べの録画・録音に関して　81

5 公設弁護士の視点──ヒューム氏、クレイギー氏（バリスター）　85

　　　公設弁護士と法律扶助協会　85
　　　取調べの電磁的記録　86
　　　自白の録画手続の影響　88
　　　被疑者取調べの録画と防御活動における利点　89
　　　取調べ録画手続の効果　91
　　　真相解明と取調べ録画　91
　　　捜査手法と取調べ録画　92

Ⅲ　可視化の具体例──シドニー事件

シドニー事件と取調べの録画・録音……正木幸博　96

　　　はじめに──いわゆる「シドニー事件」について　96
　　　実際の取調べの録画・録音に接した感想　98
　　　取調べ録画の公判での再生について　100
　　　翻訳の訂正と無罪評決の理由について　102
　　　被疑者が取調べを拒否した場合について　104
　　　おわりに　104

シドニー事件の取調べ
　　──オーストラリア連邦警察（AFP：Australian Federal Police）取調べ記録より　106

Ⅳ　NSW州の刑事手続概観

NSW州の刑事手続の制度……渡辺 修　132

　　　オーストラリアの連邦制度　132
　　　NSW州の犯罪　132
　　　逮捕から捜査へ　133

被疑者取調べと録音・録画について　134
　　裁判所引致と保釈手続　136
　　訴追開始決定から公判付託手続へ──正式起訴犯罪の場合　137
　　ローカル・コートにおける事件処理──簡易処理犯罪　138
　　上訴　138

NSW州法と自白の証拠能力……渡辺 修　139
　　NSW州の自白の証拠能力について　139
　　自白の証拠能力に関する判例　140

コラム・NSW州刑事裁判傍聴記　151
コラム・量刑手続と証人保護官　154

❶訴追、保釈、取調べ──クレア・ジロット公訴庁ソリシター　157
　　公訴庁の組織と任務　157
　　犯罪の4分類と刑事手続　157
　　捜査から訴追へ　159
　　公判付託審理と検察官の事件準備　161
　　ディストリクト・コートでの手続　163
　　保釈の要件　164
　　被疑者取調べと検察官　165

❷司法取引、証拠開示──リチャード・ラブラム公訴庁ソリシター　169
　　「訴追開始決定」と訴追プロセスについて　169
　　NSW州における「司法取引」について　172
　　証拠開示と関係者のプライバシー　174
　　故意の立証と被疑者取調べについて　175

❸陪審公判と検察官の役割──コンロン公訴庁バリスター　177
　　陪審審理の流れ──NSW州の場合　177
　　被疑者取調べの録画ビデオについて　179
　　被告人側の争点提出について　180
　　公判廷での立証について　181

4 証人支援——証人支援官ドッド氏、スピッテリ氏　184

　　証人保護プログラムについて　184
　　被害者と法律家の協働関係　185
　　被害者保護　187

5 量刑手続——ウッドバーン検察官　190

　　量刑事情について　190
　　刑罰について　191
　　量刑手続における裁判官の権限　193
　　量刑手続の諸問題　194

V 被疑者取調べ可視化のために——オーストラリアからの提言

被疑者取調べ可視化のために——オーストラリアからの提言　198

　　被疑者取調べと信頼構築について　198
　　組織犯罪、刑事免責、証人保護　200
　　被疑者取調べについて　202
　　取調べ可視化の展望　204

付属DVD 「シドニー事件取調べ録画ビデオ」

■用語解説

□brief　一件記録

弁護士がバリスターとソリシターに分かれている法制――オーストラリアやイギリス――では、"brief"の交付によって事件の依頼をすることとなる。実質的には、各事件の一件記録である。関連の書証などが一括して編綴されているものである。本書では、「一件記録」または文脈により「一件記録綴り」の訳をあてることとした。

□charge　訴追開始決定

NSW州では、捜査機関が一定の捜査を遂げた後、公訴提起が可能と判断した段階で、被疑者に対して「訴追開始決定」を告知する。逮捕後であれば被疑者取調べなどを経て同決定書（charge sheet）が手交される。公訴庁取扱い事件であれば、同決定書は、オンラインで公訴庁にも送致され、公訴庁において事件を受理することとなる。日本と異なる手続であるため、適切な訳語をあてにくい。しかし、その後の手続の推移――ローカル・コートにおけるマジストレイトによる公判付託手続または審判――に照らすと、わが国における公訴提起に類似した機能を果たす訴訟行為と見てよい。その意味で、本書では、チャージを「訴追開始決定」と訳すこととした。

□committal hearing　公判付託審理

内容は、ローカル・コートのマジストレイトが陪審審理に委ねるべき一応の有罪証拠があるかどうかを確認するための聴聞である。したがって、「陪審審理付託決定聴聞」とでもいうべき手続にあたる。本書では、そうした点を踏まえつつも原語の簡明な表現に即して「公判付託審理」と訳することとする。

□Office of Director of Public Prosecutions　公訴庁

本書では、「公訴庁」と訳した。NSW州では、わが国法務省にあたる法務総裁（Attorney General）管轄の組織がある。これと別に、犯罪に関する訴追を担当するのが、公訴庁である。公訴局の訳も考えたが、独立の官庁として存在し独自の権限を行使していることに照らして、公訴庁がより適切と判断した。

私たちの主張──被疑者取調べ可視化の提言

後藤貞人・秋田真志

あまりに不合理な密室取調べ

　取調べの可視化＝録画・録音は、必ずや実現されなければならない。

　その理由は明白であろう。日本の取調べは、弁護人の立会いもなく、録画・録音もなされていない。完全な密室である。密室である以上、取調べに名を借りた暴行・脅迫や利益誘導がなされるかもしれない。それを防ぐための制度的担保はないに等しい。

　またわが国では、取調べの内容は、取調官によって、あたかも被疑者自身が語ったかのような一人称独白型の物語式調書としてまとめられる。取調官の発問も、被疑者の応答も消えてしまい、残るのは理路整然とした作文のみである。そのため法廷では、取調べ状況をめぐって、不毛な水かけ論が繰り返されている。

　あまりに非科学的で不合理な話である。供述が採取される際、取調官はやさしく問いかけたのか、声を荒げたのか。被疑者は冗舌に話したのか、それとも押し黙ったのか。調書の記載のどこまでが取調官の誘導で、どこまでが被疑者のオリジナルの供述なのか。そのどれもが重要な情報である。そもそもオリジナルの供述過程、その採取過程をことさらに密室に押し込め、検証できないようにしておいて、犯罪を立証する証拠にしようというのである。そのこと自体に、根本的な背馳が存する。これほど不可解なことがなぜ許容されるのであろうか。

　とくに、迅速・的確でわかりやすい立証が求められる裁判員裁判で、このような不合理が許されるはずもない。

わが国における可視化反対論とその批判

　いかに不合理に見えても、法務省、検察庁をはじめ、わが国の捜査機関は、徹底して取調べの可視化に反対している。それでは、法務省・検察庁や捜査機関側は、どのような理由に基づいて反対しているのであろうか。その反対理由は、論者によって多少の表現の差はあるものの、論拠は大きく分けて次の３点に要約で

きるであろう。
①信頼関係構築論・反省悔悟論——反省悔悟をして真実を語らせるためには、取調官と被疑者の間で信頼関係を構築しなければならないが、取調べを可視化しては、そのような信頼関係を構築できず、真相を明らかにできない、という主張である。
②精密司法論——わが国の捜査機関は、主観面や情状面などについて、詳細な取調べによって真実を明らかにする義務を負っているが、そのためには可視化はできない、という主張である。
③供述人保護論——組織犯罪などで真実を語る供述人を保護するために、取調べ状況を可視化することはできない、という主張である。
　これらの反対論は、正しいであろうか。結論からいえば、明らかに誤っている[*1]。

可視化反対論は、密室の弊害を無視している
　まず、可視化反対論は密室の弊害を無視している。密室である以上、取調べにおいて、暴行、脅迫、利益誘導などの自白強要がなされたり、供述内容が勝手に作文される危険性は消滅しない。少なくとも、真の供述内容が歪曲されることは日常茶飯事である。可視化反対論は、このような弊害について、何も答えようとしていない。

信頼関係構築論・反省悔悟論の誤り
　可視化反対論は、反省悔悟させ、真実を語らせるためには、信頼関係を構築しなければならないという。しかし、それが密室である以上、本当に信頼関係や反省悔悟によって自白したのか、それとも自白強要によって自白したのかは、どこまでいっても不可知論である。
　また、反対論は、密室でなければ信頼関係の構築や反省悔悟が不可能であるかのように主張する[*2]。しかし、信頼関係を構築したいのであれば、その過程を正々堂々と、明らかにしたらよいはずである。密室にこだわる理由などまったくない。
　より根本的な問題は、捜査機関のいう「信頼関係」や「反省悔悟」は、取調官の思い込み、決めつけに、被疑者が屈してしまった状況を指しているに過ぎないことである。取調室は圧力の場である。そこでは、圧倒的な権力者である取調官に

対しては、無実の人間でも権力に迎合してしまい、時として簡単に虚偽の自白をしてしまう危険性がある*3。「信頼関係」や「反省悔悟」を強調し、密室取調べを続けることは、真実を明らかにするどころか、かえって虚偽自白を生み、危険だとすらいえるのである。

　取調べの可視化に反対する議論は、心理学的に見ても誤った、非科学的な主張であるといわざるをえない。

「精密司法」論の誤り

　精密司法を根拠とする可視化反対論も誤っている。

　反対論者は、密室でこそ精密に真相を明らかにできるかのような主張をする*4。しかし、どうして密室であれば詳細に真実が明らかにできるというのであろうか。精密に取調べをしたいというのであれば、録画・録音がなされたなかで、堂々と精密に取調べをすればよい。精密であることは、何ら可視化を否定する根拠とはならない。

　むしろ捜査機関の本音は別のところにあるのであろう。密室でなければ詳細な作文は不可能だということである。日本の取調官は、「精密」に記載した調書を作文することが、真実を明らかにしたことであるかのように考えている。ところが取調べが可視化されれば、そのような作文はできなくなってしまうのである。また、作文はあくまで作文である。決して真相解明ではない。「精密司法」というのは、決して「真実司法」ではない。「精密」に名を借りた「作文」司法、調書裁判に過ぎないというべきである。精密司法のために密室が必要だとの主張は、その根本において誤っているのである。

供述人保護論の誤り

　可視化反対論は、可視化すると、組織犯罪などで供述が得られなくなるとも主張する。そのような供述拒否が実際にどれくらい存するのか、まったく不明であるが、仮に供述人が報復を恐れてその記録を拒むことがあるとしよう。しかし、その場合でも、必要なのは取調べを秘密と闇のベールに包むことではない。

　組織に不利益な供述がなされたからといって、その供述が真実であるとはかぎらない。その供述の信用性は、裁判の場でチェックされなければならないのである。ところが、「供述人保護論」は、その供述経過を覆い隠すことによって、そ

のようなチェックを免れようというのである。これでは、「供述人保護」という名の下に「真実を覆い隠す」捜査を正当化しようとしていることにしかなりえない。

　仮に供述人保護を問題にするのであれば、正面から供述人をどのように保護するのか、と考えるべきである。この点、わが国の供述人保護論は、供述人の保護の方策それ自体を論じるのではなく、その供述を隠してしまうことばかりを主張している。かかる論理が本末転倒であることは、明らかであろう。「供述人の保護」は決して、「『密室における秘密』の保護」であってはならないのである。

オーストラリアを参考に取調べの可視化を

　以上のように、取調べの可視化に反対する人たちの論拠がいかに不合理であるかは明白である。このような不合理な考えに基づく捜査を続けようとするのは、真相解明という、そもそもの捜査の目的とは正反対の方向に走っているようなものである。捜査の目的と正反対だというだけではない。捜査の次にくる裁判をも歪めるものとなる。容易に可視化できるにもかかわらず、取調室を暗闇に閉じ込めたまま、密室でできた調書をもとに裁判をするというのであるから、最良の証拠に基づいて事実を認定するという裁判そのものの基盤を掘り崩すようなものである。そのような不合理、不公正が永く許されるのであろうか。

　大正時代に制定された刑事訴訟法ではなく、戦後制定された刑事訴訟法の下でもえん罪はなくならなかった。これまで多くのえん罪事件があった。なかには死刑判決を受け、のちに再審によって無罪となった事件もある。それらの多くの裁判で常に問題となったのは自白である。密室で虚偽の自白が作り出されることがある、とこれまでの多くの裁判が教えてくれている。なかには、虚偽の自白によって被告人を死刑に処するとの誤った判決があった。そのような事実を前にしてなお、それから何の教訓も学ばないのだろうか。録音機器が希少で録音テープが高価な時代であれば、可視化が困難だとの言い訳も可能であったかもしれない。しかし、機器は改良されて操作は簡易となり、価格も驚くほど安価となった。ビデオ録画機器についても同様である。今や、時代は、技術的にも価格面からも、可視化を拒む人々に味方していない。それでも、取調べを闇の中に放置し続けるのだろうか。

技術の進歩や価格の低廉化が取調べの可視化を後押ししているだけではない。市民が加わる裁判で、これまでと同じような審理が許されるとは思えない。2004年5月に、裁判員の参加する刑事裁判に関する法律が成立した。市民が裁判員として事実認定に加わる時代が目の前に来ている。裁判員裁判になっても、取調べがなくならないかぎり、密室の取調室でなされた自白が任意にされたものか、また、できあがった自白調書に記載されていることはどこまで信用できるか、などの証拠調べは不可避であろう。これまで多くの裁判で、取調べ状況をめぐって取調官の証言と被告人の供述が真っ向から対立してきた。取調べ状況を録画あるいは録音していればアッという間に真相が明らかになるのに、長い時間をかけて延々と水かけ論を繰り広げてきたのである。一方で、「充実した迅速な裁判」といいながら、このような審理を市民が事実認定に参加する裁判員裁判でも続けようとするのであろうか。

　私たちは、20世紀の時代から、取調室にカメラや録音器を持ち込むように訴えてきた。捜査官が逮捕後23日間もの間、しかも弁護人の立会いなくして取調べを続けるわが国では、可視化が不可欠であると訴えてきた。わが国よりはるかに短期間、短時間しか取調べをしないような国でも、えん罪の経験を取調べの可視化に結実させてきた。イギリスがそうである。この本がテーマとするオーストラリアもそうであった。被疑者が権利を放棄しないかぎり、取調べに弁護人が立ち会うアメリカでも可視化が進んでいる。香港でも可視化がなされている。台湾でも可視化が実現されている。韓国でも可視化が実現した。取調べの可視化は世界の潮流である。多くの国が、虚偽の自白を防止するために、そして真相を語る最良の証拠を収集するように、捜査当局に求めている。それは、これまで闇の中で行われてきた取調べに光を当て、捜査官に正義と公正を求める動きでもある。

　わが国にも潮流は及んでいる。裁判員裁判導入の議論と平行して、取調べの可視化の必要性は徐々に認識されてきた。裁判所はつとに可視化に積極的であった。それも当然であろう。裁判所は、多くの事件で自白の任意性をめぐり延々とした審理に精力を費やしてきたのだから。裁判員制度・刑事検討会では、取調べの可視化について未だ積極的な結論に至らなかった。しかし、その後、国会では、司法制度改革関連法案の可決成立にあたり、取調べの可視化をめぐって「政府は、……録画又は録音による取調べ状況の可視化、新たな捜査方法の導入を含め、捜査又は公判の手続に関し更に講ずべき措置の有無及びその内容について、……実

質的検討を行うこと」*5といった附帯決議を繰り返し行っている*6。また、野党議員が可視化法案を議員立法として提出し、実質的な審議も行われるに至っている。マスコミも時を経るに従って、取調べの可視化に関する理解を深めている。

　取調べ状況をめぐる水かけ論を続けることの愚は、「充実した迅速な裁判」を強調すればするほど明らかになる運命にあった。

　最高裁判所はもともと取調べの可視化に積極的であったが、2005年6月、刑訴法改正に伴う新刑事訴訟規則として、「検察官は、被告人などの供述に関し、取調べの状況を立証しようとするときはできるかぎり、取調べの状況を記録した書面その他の取調べ状況に関する資料を用いるなどして、迅速かつ的確な立証に努めなければならない」との規定を新設した（新規則198条の4）。任意性の立証責任を負っている検察官に対し、取調べの状況は、裁判員を含む裁判所が迅速かつ的確に任意性・信用性等が判断できるように立証すべきことを求めたのである。

　技術的にもコスト的にも障害がないのに、最良の証拠に基づいて事実を認定することを拒否し、取調べを闇の中に放置し続けようとする不合理、不公正が続くとは思えない。取調べが可視化されないまま裁判員裁判が始まることはないだろう。裁判員裁判の下では、取調べの全過程が録画・録音されていて、自白の任意性が問題となれば、取調官の証人調べなどをすることなく、直ちに法廷で取調べのテープの問題の箇所が証拠調べされることになる。しかし、このような場面は見られないだろう。なぜなら、そもそも、任意性をめぐる争いそのものが絶滅することは確実だからである。

　私たちは、捜査機関が直ちに取調室にビデオカメラを設置するよう準備を始めることを望む。そして、取調べの全過程を公正に確実に可視化できるような法律と規則の整備を求める。その準備と整備にオーストラリアの取調べ可視化の法と制度およびプラクティスは大いに役立つであろう。

　　*1　可視化反対論については、日弁連が2004年11月に作成した冊子『取調べ可視化（録画・録音）の実現に向けて——可視化反対論を批判する』で体系的な批判がなされている。同冊子は、下記からpdfを無料でダウンロードすることができる（2005年5月現在）。http://www.nichibenren.or.jp/jp/katsudo/shihokai/kadai/torishirabe.html
　　*2　松尾邦弘検事総長のインタビュー（週刊法律新聞平成16年7月23日第1596号）は、「反省、悔悟となっていくというプロセスは、衆人環視のオープンな形の中では、なかなか実現しない」と主張し、本江威喜「取調べの録音・録画記録制度について」判例タイムズ54巻12号（2003年）7頁も、録画・録音を「いきなり多数の者の前で」自白を求めることであるかのように主張している。

私たちの主張——被疑者取調べ可視化の提言　17

*3　この点を明快に指摘するものとして、浜田寿美男「捜査官と被疑者との『信頼関係』から生まれるえん罪」日弁連取調べの可視化実現委員会編『世界の潮流になった取調べ可視化』（現代人文社・2004年）8頁。なお、海外での研究で翻訳されているものとして、ギスリー・グッドジョンソン著／庭山英雄訳『取調べ・自白・証言の心理学』（酒井書店・1994年）、R．ミルン・R．ブル著／原聰編訳『取調べの心理学』（北大路書房・2003年）など。日本の研究として、渡部保夫「自白の信用性の判断基準と注意則」『無罪の発見』（勁草書房・1991年）3頁、浜田寿美男『自白の研究――取調べる者と取調べられる者の心的構図』（三一書房・1992年）、『自白の心理学』（岩波書店・2001年）など。
*4　山上圭子「英国における取調べの録音制度について」法律のひろば56巻6号〔2003年〕71頁。
*5　参議院法務委員会平成16年5月20日「刑事訴訟法等の一部を改正する法律案に対する附帯決議」。
*6　ほかに、参議院法務委員会平成15年7月9日「裁判の迅速化に関する法律案に対する附帯決議」衆議院法務委員会平成16年4月23日「刑事訴訟法等の一部を改正する法律案に対する附帯決議」なども同旨の決議をしている。

I　NSW州における取調べ録画の実務

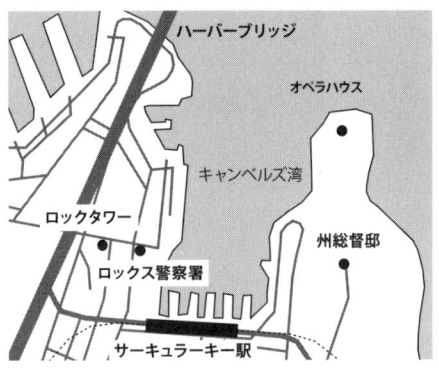

ERISPによる模擬取調べ

□日時：2004年11月17日午後
□場所：シドニー市ロックス警察署
□概要：シドニー市のシンボルとでもいうべきオペラハウスは、通称「ロックス」と呼ばれている観光スポットの湾岸沿いにある。そのオペラハウスを含む地域を管轄するのが、港の近くにあるロックス警察署である。煉瓦造りの建物は、看板を見なければ周囲に並ぶレストランや土産物屋、ファッションの店の中に紛れ込んでいてそれとはわからない。ここロックス警察署には取材3日目の午後に訪問し、NSW州独自の被疑者取調べ録画システムの運用など捜査の現場について取材した。

■警察署概観

1 留置エリア

　被疑者が逮捕されて警察署にやって来ると留置エリアに引致される。ここで、留置管理官（custody manager）に被疑者が引き渡される。留置管理官は、被疑者の留置を管理することとなる。留置管理官は速やかに「留置記録（custody record）」を作成し、留置中に発生した重要事項をすべてここに記録する。逮捕後の被疑者は、留置管理官席の前にある透明なガラス張りの一室で留置される。

　留置されている間に、取調べのために被疑者を房から連れ出すには、留置管理官に説明して許可を得なければならない。留置管理官はその説明をコンピュータに打ち込んで、留置記録に記載する。

　被疑者に交付する「訴追開始決定書」には、被疑事実を記載することとなる。重大な犯罪（別表1犯罪：Table 1 Offences）については公訴庁が訴追を担当する。軽微な事件（別表2犯罪：Table 2 Offences）は警察訴追官（police prosecutor）が訴追を担当する（Criminal Procedure Act 1986, Schedule 1, Table 1 & Table 2. 訴追手続の詳細に関しては、Ⅳの**1**参照）。

2　取調室

　取調室には対面式の机があり、その上に棒状のカメラがある。カメラとは気づかない形状になっているが、魚眼レンズと普通レンズが切り替わり、また音声も録音できるようになっている。机の下にビデオデッキがある。音声録音テープ3本と、ビデオ（録音・録画）1本が同時に作成できるように

ロックス警察留置管理室にて

なっている。取調べ責任者は、通常は被疑者の左手に座る。反対側に機械の操作盤があるのは、操作盤がない側に座った方が取調べに集中できるからである。カセットテープは3本まとめて透明ビニールに包装されている。ビデオテープ1本も同様に透明ビニールで包装されている。新品の包装を破って被疑者の前に並べて取調べ前の説明を行う（取調室のもようについては、本書31頁以降の吉田報告参照）。

■被疑者取調べのもよう

　取調室で実際の録音・録画装置を前にして、その運用について説明を受けた。
　まず、包装されている新しいカセットテープの封を切り、同封の用紙に取調官が自己の名前を書き、取調べの日付、取調べを受けた被疑者、その生年月日を書く。また、取調べの場所コードと参照番号も書くことになっている。いつでも参照番号によって、カセットテープの所在をたどることができるようにするためである。録音・録画にあたり、同時に3本のカセットテープと1本のビデオテープに記録がなされる。各テープともすべて同じコードが付されている。取調べ開始前に各テープを機械に挿入する。その際正式には手袋をはめて行うこととなっている。
　また、「取調べ記録簿（book）」を別途作成し、各取調べごとに取調べ記録簿に被疑者氏名など取調べに関する記録を残している。したがって、クロス・リファレンスすることが可能になる。
　公判では、この記録簿によって、取調べを受けた人の動向を明らかにしなくて

はならない。その点について疑念がある場合、公判で自白の証拠能力が認められないことになる。

■模擬被疑者取調べ

　以下、調査団の後藤弁護士を日本人被疑者役、山田氏を通訳人役として窃盗被疑事件に関する模擬取調べを実施した。

警察官1　取調べに先立って、あなたに対していくつかの決められた質問をする必要があります。これは法律に定められている質問です。
　　　　　今日は、ペンが盗まれたことについてあなたにお聞きしたいと思います。取調べの中で私がする質問、そしてあなたの答はすべてテープに電磁的に記録されます。理解しましたか。
被疑者　　はい、理解しました。
警察官1　3本の音声テープと1本のビデオテープに同時に記録されます。理解しましたか。
被疑者　　はい。
警察官1　取調べ終了時には音声テープのうちの1本があなたの面前で封印されます。理解しましたか。
被疑者　　はい。
警察官1　加えて、取調べ終了時には音声テープのうちの1本をあなたに渡します。理解しましたか。
被疑者　　わかりました。
警察官1　もしも後になってあなたの要請があれば、ビデオテープを見られるように手配します。理解しましたか。
被疑者　　はい。ぜひそうしてください。
警察官1　記録化される取調べに関して、何か異議はありますか。
被疑者　　いいえ、ありません。
警察官1　記録化される取調べに関して、今までに私がした質問と、それに対するあなたの答えは記録され、私とあなたがともに署名をして、その署名をしたものは事件に関する記録の一部として綴られます。私は捜査官として、あ

なたに何について質問すべきかを考えながら取調べを行います。ここにいるもう一人の警察官は取調べの補佐官です。彼の主要な任務は、取調べの間のあれこれを可能なかぎりノートに記録することです。そして、話が先に進んだ後に、何か明確にしておかなくてはいけないことがあったような場合には、私は彼の書いた記録をチェックしたうえで、前にあなたがなんと答えていたかなどを確認して、新たに質問をします。また、取調べの最後には、私があなたに質問するのと同様に、あなたも私に質問する機会があります。

被疑者　わかりました。

警察官1　では、ここに署名をしてください。自分の名前を英語で書けますか。

被疑者　はい、書けます。（書く）

警察官1　GOTO……後藤さんですね（以下、被疑者に対する呼びかけはすべて「後藤さん（Mr. Goto）」）。

　では、これで取調べ前の質問がすべて終わりましたので、これから記録を開始します。記録を開始するには、ここの（と言いながら机右下の機械に手を伸ばし）緑のボタンを押します。ボタンを押すと少しの間ブザー音が鳴って、記録を開始したことを知らせます。音が止んだら取調べを開始します。（ピーという音がして、少しして止む）

警察官1　では、これから電磁的に記録された取調べを始めます。取調官である私の名前は、○○です。取調べをするのは、ペンの窃盗被疑事件です。取調べを受ける人の名前は後藤貞人。場所はロックス警察署。2004年11月17日、水曜日です。他にここにいるのは、××部長刑事です。後藤さん、反訳のために、あなたのフルネームと姓のスペルを言ってもらえますか。

被疑者　ごとう・さだとです。（スペルを言う）

警察官1　××さん、反訳のために同様に、あなたのフルネームと姓のスペルを言ってもらえますか。

警察官2　××。（スペルを言う）

警察官1　ここには日本人の通訳人もいます。同様に、あなたのフルネームと姓のスペル、そして職業を言ってもらえますか。

通訳人　やまだ・なおこです。（スペルと職業を言う）

警察官1　後藤さん、この部屋の中に私たち以外に誰かいますか。

被疑者　誰もいません。

警察官1	現在の時刻は4時です。さて、後藤さん、これからあなたに対して、××刑事部長と私は、今日の午後3時にロックスのニュース・エージェンシーでペンが盗まれたことに関連して、いくつか質問をします。理解しましたか。
被疑者	はい。
警察官1	あなたは、意思に反して、話したり、または何かをする義務はありません。しかし、あなたが話したり、またはしたことは、すべて電磁的に記録されて、後に証拠として用いられることがあります。理解しましたか。
被疑者	はい。
警察官1	この取調べを始めるに先立って、私があなたに対して、「私にはこのことがらに関して質問をする意思がある」とあなたに告げた、ということに同意しますか。
被疑者	はい、同意します。
警察官1	私があなたに対して、「私の質問と、あなたがそれらの質問に対してするすべての答は、取調べが行われている間、カセットテープとビデオテープに電磁的に記録される」と告げたことについても、同意しますか。
被疑者	はい。
警察官1	私があなたに対して、「取調べ終了時に、あなたに取調べを記録したカセットテープが渡されます」と告げたことについても、同意しますか。
被疑者	はい。
警察官1	私があなたに対して、「取調べ終了時に、カセットテープのうちの1本が、あなたの面前で封印されます」と告げたことについても、同意しますか。
被疑者	はい。
警察官1	私があなたに対して、「要請があれば、ビデオテープを見る手配をする」と告げたことについても、同意しますか。
被疑者	はい、ぜひ見せてください。
警察官1	あなたは、電磁的に記録された取調べを受けることに同意しましたか。
被疑者	はい、同意します。
警察官1	この取調べに参加することについて、あなたに対して何らかの威迫、約束または利益誘導などがありましたか。
被疑者	いいえ、ありませんでした。
警察官1	「威迫、約束または利益誘導」という言葉の意味を理解していますか。

被疑者　　はい、わかっています。
警察官1　では、後藤さん、前にお話ししたように、これから××刑事部長と私はあなたに対して、今日の3時にロックスのニュース・エージェンシーでペンが盗まれたことについて質問をします。その店のスタッフが、あなたが店に入り、このペンを手にとって上着の

模擬取調べのようす

ポケットに入れ、何も支払いをするようすなく、店から出ていったのを見たと言っています。これについて、何か私に話せることはありますか。

被疑者　　容疑はわかりましたが、私は何もしていません。私は盗んでいません。
警察官1　わかりました。では、今日の3時にあなたがどこにいたか話してくれますか。
被疑者　　ちょっと待ってください……ロックスにいました。ロックスにいましたけれども、正確な地名はわかりません。
警察官1　わかりました。今日、ロックスにあるニュース・エージェンシーの店に行ったことには同意しますか。新聞や雑誌を売っているお店です。
被疑者　　すぐには思い出しません、が、そのあたりに行ったような気がします。
警察官1　では、その店に入ったことについてはどうですか。
被疑者　　入ったかもしれませんが、よく覚えていません。
警察官1　わかりました。
被疑者　　なぜなら、あのあたりには同じような店がたくさんあります。
警察官1　このペンを見てください、銀色のペンです。（と言いながらペンを見せ、表面に書かれた文字などについて説明する）
　　　　　このペンについて、あなたは私に何か話せることはありますか。
被疑者　　触ってはいけないんですか。
警察官1　手袋をしたら、触れます。
被疑者　　わかりました。よく見ます。（見る）ええと、私が持っていたものです。
警察官1　あなたは、警察官に停止させられたことに同意しますか。これはあなたの上着のポケットに入っていたペンです。

被疑者　はい。

警察官1　これをどこから手に入れたか、話せますか。

被疑者　ええと……ロックスを歩いていたら、親しげに話しかけてくるオーストラリア人がいたんです。その人に昼ご飯をご馳走してあげたら、別れ際にプレゼントにもらいました。

警察官1　その人の名前を覚えていますか。

被疑者　名前は覚えていません。たった1度会っただけの人物です。しかし、オーストラリア人は親切です。

警察官1　ここに、ロックスのニュース・エージェンシーの店主が作成した供述調書があります。ここには、ペンを盗っていった人間が描写されています。では、あなたに対して、被害者が私たちに述べた描写を読み上げます。

　「店からペンを盗んだ人間は、国籍は日本人、背の高さは5フィート6インチか7インチ、中肉で、黒い短髪、ひげは生やしていない。灰色で白いピンストライプのスーツを着ていて、白いワイシャツを着ている。そして黒い靴を履いていた」。この描写は、あなたととてもよく似ていませんか。

被疑者　私とよく似ていると思います。しかし、多くの日本人はこういう髪の毛です。多くの日本人の背丈はこれくらいです。多くの日本人は、こういう地味なスーツを着ています。黒靴は、まぁ、99パーセントの日本人が履いています。だから、似ているだけだと思いますけれども。

警察官1　（思わずチッと舌打ち）わかりました。

　この供述調書には、そのほかに「その日本人には連れがなく、オーストラリア人はいなかった」とも書かれています。では、次に私たちがしたいことは（と言いながら1本のビデオを手にして）店内の監視カメラが撮影したビデオをあなたに見せることです。

警察官1　あなたにこのビデオを見せる前に、もう一度あなたに思い出してほしいのは、あなたは、意思に反して何も言ったりしたりしなくていいということです。しかし、あなたが言ったりしたりしたことはすべて電磁的に記録され、後で証拠として用いられる可能性があります。理解しましたか。

被疑者　ちょっと待ってください。私は間違っていました。

警察官1　間違っていたんですか。何について間違っていたんですか。

被疑者　オーストラリア人にプレゼントされたのではなく、店を出るときに、

誰かがぽっとポケットに入れたんです。
警察官1 わかりました。では、これからビデオをあなたに見せましょう。あなたが何か言う前に、取調べをいったん中断してビデオを見てもらいます。あなたには何も言う義務はないのですよ。

（ビデオ再生）

警察官1 今見たように、ビデオには、あなたが店内で左右を伺いながら、ペンを上着のポケットに入れた場面が映っていましたね。あなたはロックスのニュース・エージェンシーの店内を撮影したビデオを見たことについて同意しますか。
被疑者 はい、同意します。
警察官1 ビデオに映っていた男性があなた自身であることに同意しますか。
被疑者 はい。
警察官1 ビデオの中に、あなたがカウンターからペンを手にとって、上着のポケットに入れた場面が映っていたことに同意しますか。
被疑者 はい、認めます。ビデオに映っていますので認めます。ちょっと、ボーっとしていたんです。
警察官1 どういうふうにボーっとしていたか説明できますか。
被疑者 今日はちょっと暑かったです。昨日は寝ていなかった。
警察官1 わかりました。ビデオに、あなたがペンに近づいていって、店内を見回し、誰も見ていないのを確かめた場面が映っていたことに同意しますか。
被疑者 同意します。
警察官1 わかりました。では、どうしてそういうことをしたんですか。
被疑者 うーん。欲しかったんです。
警察官1 わかりました。（手元の記録を見ながら）ペンを取り上げてポケットに入れて、支払う意思をまったく見せずに、まっすぐ店を出ていったことに同意しますか。
被疑者 はい。
警察官1 どうして支払いをしようとしなかったのですか。
被疑者 支払う意思はありませんでした。
警察官1 支払う意思がなかったんですか。あなたはお金を持っていましたか。
被疑者 持っていました。

警察官1	お金を持っていたなら、どうしてペンの代金を支払わなかったんですか。
被疑者	ちょっとボーっとしていたんです。支払うべきでした。
警察官1	そうですね。お金を支払わないのが悪いことだと知っていますか。
被疑者	知っています。
警察官1	それで、オーストラリアにはどのくらい滞在しているのですか。
被疑者	1週間です。
警察官1	1週間ですか。それで、日本でも、代金を支払わずに店からペンを持ち出すことは悪いことですか。
被疑者	はい、そうです。
警察官1	では、オーストラリアでも、代金を支払わずに店からペンを持ち出すことは悪いことですか。
被疑者	はい。
警察官1	このペンをどうしようと思っていたのですか。
被疑者	そこまで考えていませんでした。
警察官1	ただ、単に欲しかったのですか。
被疑者	そうです。ただ綺麗だったから盗ったんです。
警察官1	（××部長刑事に向かって）何か質問はありますか。
警察官2	1つだけ質問します。1週間オーストラリアに滞在していると言いましたね。
被疑者	はい。
警察官2	ほかにペンを盗みましたか。
被疑者	これだけです。
警察官2	どこか他の場所で、何かほかの物を盗んだりしましたか。
被疑者	とんでもありません。そんなことはしません。
警察官1	このことについて、何かほかに言いたいことはありますか。
被疑者	悪いことをしたと思っています。弁償もします。早く日本に帰りたいです。
警察官1	このことについて、手書きの供述書の作成を望みますか。
被疑者	どちらでもいいです。
警察官1	あなたは手書きの供述書を作成しなくてはいけないわけではありませ

ん。取調べは記録されていますから。手書きの供述書作成はひとつの選択肢です。
警察官2 被疑者のなかには手書きの供述書を作成したいと言う人もいます。「本当に申し訳ありませんでした」とかそういうことです。そういう選択肢もあります。
被疑者 もし手書きの供述書を作成したら、刑は軽くなりますか。
警察官1 必ずしもそうはなりません。刑を決めるのはマジストレイトの役目です。
被疑者 それなら、今日は書きません。
警察官1 わかりました。この記録された取調べにおいて、あなたがした答えは、あなたの自由意思のもとになされたものですか。
被疑者 そうです。
警察官1 この取調べで記録された答えをせよという、あなたに対する何らかの威迫、約束または利益誘導などはありましたか。
被疑者 ありません。
警察官1 現在時刻は、午後4時28分です。東部標準時間です。では、これから、この捜査に関わりのない上級警察官を呼んで来ます。彼はあなたに対して、私たちがどのような態度で取調べを行ったかについて質問をします。理解しましたか。
被疑者 はい。
（警察官2が上級警察官を呼ぶために部屋を出る。ここで機械のスイッチを切る）
（上級警察官が部屋の入り口に立つ。ここで機械のスイッチを入れる）
警察官1 では、後藤さん。この人は△△警部補です。彼は現在、ロックス警察署に勤務しています。この事件の捜査には関係がありません。彼はこれからあなたに対して、私たちがどのような態度で取調べを行ったかについて、いくつか質問します。私と××部長刑事はこれで退室します。
（警察官1および警察官2は退室する。上級警察官と被疑者が部屋に残される）
上級警察官 では始めます。現在時刻は4時30分。先ほど説明があったように、私の名前は△△です。あなたが先ほど取調べを受けた事件の捜査には関係ありません。
あなたは後藤貞人さんですか。

被疑者　　はい、そうです。

上級警察官　今の記録された取調べは、あなたの自由意思のもとに行われたものですか。

被疑者　　はい。

上級警察官　この取調べで記録された答をせよ、という何らかの威迫または威迫的な行為、取調べにあたった警察官からの暴力に該当するような身体的暴行、約束または利益誘導はありましたか。

被疑者　　いいえ、ありませんでした。

上級警察官　今日ここであなたが受けた取調べにおいて、その取調べ方について何か不服はありましたか。

被疑者　　いいえ、ありません。

上級警察官　ではこれで取調べを終わります。現在時刻は4時31分。取調べを終了します。（機械のスイッチを切る）

ERISPのある取調室

吉田瑞彦（岩手弁護士会、弁護士）

　オーストラリアでは、1990年代初頭に、高等法院（オーストラリアの最高上訴裁判所）によって、取調べ過程の録画・録音がなされていない自白の証拠能力に疑問を投げかける判決が出され、微罪事件を除き、取調べの全過程が録画・録音されるシステムが作られた。以下、ロックス警察署の取調べ録画システムを紹介する。

警察署の取調室
　シドニーなどオーストラリアの中心都市があるNSW州では、警察における取調べでERISP（Electronic Recording of Interviews with Suspected Person：被疑者取調べの電磁的記録）というシステムが整備されている。

録画録音装置①──マイクとカメラ（広角レンズとズームレンズ）
　取調室の机上には、被疑者の近くに録音マイク、遠方にカメラが設置されてい

る。カメラには、取調官を含めた取調室全体の映像と被疑者のアップ画像の両方を記録するために、広角とズーム用の2種類のレンズがセットされている。

録画録音装置②──レコーダー装置とディスプレイ

　取調机の下に「ハイブリッド・レコーダー」という録画録音装置が設置され、カセットテープ3本と、ビデオテープ1本が同時に作成できるようになっている（写真左）。装置右上にモニターがあり、録画状況を確認することができる（写真右）。録画テープには年月日と秒単位の時刻が記録され、改ざんできないように

なっている。

模擬取調風景
　取調室では、録画のために取調官と被疑者の位置があらかじめ決められており、マイクやカメラレンズは被疑者に心理的抵抗を生じさせないような形状に工夫されている。

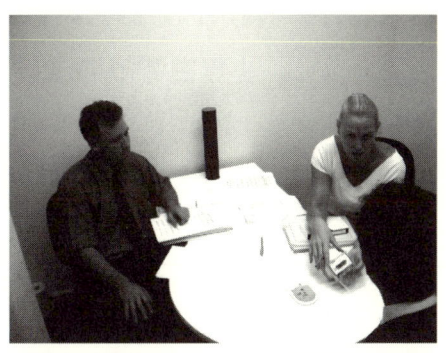

録音テープの封印
　録音されたマスターカセットテープは、改ざん防止のため、取調官と被疑者が署名したカードで直ちに封印され、１本は被疑者に渡されることになっている。

COLUMN 「自白でっち上げ」撲滅

いわゆる「自白でっち上げ（verballing）」の問題は、古くは1893年の判例上も問題とされている（R v Thompson [1893] 2QB12）*。

「私は次のことを付け加えておきたい。自白は、後悔と反省の結果もたらされるものである。にもかかわらず、公判では被拘禁者たちはこれを真っ向から否認することがある。被拘禁者の有罪が他の証拠によって明白かつ満足のいくものであるときには、自白が証拠として提出されることはほとんどない。ところが、他の証拠が明白かつ満足のいくものではないとき、被拘禁者は後悔と反省の念にかられて自白によって他の証拠を補おうという意欲に包まれることが少なくないのだが、この意欲は、正義の場である法廷に至ると途端に消えてしまうもののようだ」。

かくして自白でっち上げの問題については、1976年のヴィクトリア州警察に関する調査報告書でも取り上げられた（ビーチレポート）。特定の警察官に対して、学歴、経歴が異なる被告人が事件も自白の文脈も異なるのに、きわめて類似した話法により自白自認をしていることが摘示された。ビーチレポート以降の類似の調査でも、警察が「自白でっち上げ」を捜査手法に組み入れていることが明白であった**。

こうした公的な調査は被疑者取調べの録音を勧告するのが一般的であった。取調べの録音は、かかる実務を消滅させるというよりも困難にさせることに狙いがあった。

そのひとつの集約点が、NSW州における警察運用に関するウッズレポートである。

1994年に議会の承認によって王立委員会が設立された。その委員長にウッズ判事が任命され、NSW州における警察活動に関する全般的な調査に着手した。その焦点は、「証拠の植え付け（planting）」などであった。警察が事実上有罪と断定した被疑者については、こうした手段を用いて有罪に追い込むことが少なくないことが調査によって判明した。報告書は、警察署が組織ぐるみで、犯罪捜査全般にわたり各種の証拠植え付け、でっちあげ工作をしていることを暴き出した。そして、組織と手続全般に不正手段が蔓延していることを示すためこれを「プロセス汚染（process corruption）」と名づけた。

調査に協力したある元刑事は、「自白でっち上げ」は警察実務に蔓延していると証言した。「警察官にとってやっかいなのは自白をでっち上げることよりも、自白したはずの被疑者が供述調書に署名しないという、まことしやかな理由をでっち上げて裁判所で証言することである」と述べたのである。証拠のさまざまなでっち上げも広がっていた。報告書は、窃盗など多数の犯罪関与を疑われている被疑者を逮捕した後、被疑者が氏名を黙秘したのに対して、複数の警察官が数日にわたり監房と取調室で暴行を加えて、氏名や犯行関与を自白させた事例など多数を示している。ほかに、白紙調書にあらかじめ署名させた事

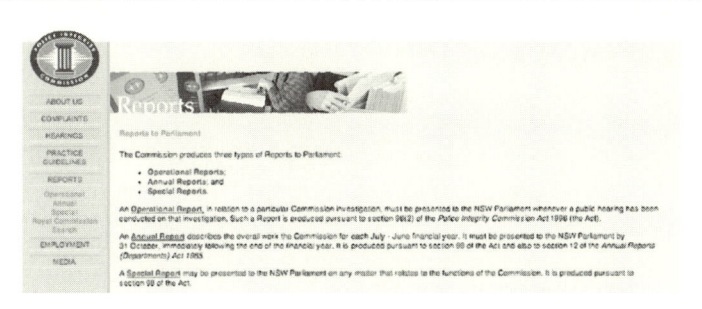

例、薬物事犯被疑者の自宅に警察官が薬物を持ち込んだうえ、さらに自白もでっち上げた事例など、この種のプロセス汚染を示す事例を摘示している。

そうした警察の「プロセス汚染」を防止する手段として、報告書には種々の提案がなされているが、そのなかに次のものがある。「逮捕と捜索手続についてビデオ録画すること。逮捕現場における会話、正式に録画される取調べの前に実施される会話など被疑者との応答についてすべて録音すること」。

こうした調査と併行して、正式起訴犯罪について、自白を証拠とする場合には、ビデオ録画を必要とする立法がなされた（1995年）。ここに至り警察側も積極的に被疑者取調べのビデオ録画システム（ERISP）の導入を始めることとなる。そうした動向を踏まえて、報告書は全般的な捜査改善の指針として、「物証の収集、監視に、より力点を置くものとし、情報提供者や自白への依存度を低めるものとすること」を提言している。

こうした提言の前提として、オーストラリアでも、英国のPACEの運用に関する調査がなされてERISPの積極的な運用の提言もなされていることも報告書は紹介している。

他方、逮捕後の取調べの時間確保について、逸脱的な運用を防ぐため報告書は留置期間の法定を提言した。当初4時間とし、裁判官の令状によってこれを延長できるとするものだが、この提言に沿った立法がすでに終了している。

1997年に最終報告書が公にされ、今はHPで閲覧可能である***。

　　*M.Aronson & J.Hunter, Litigation: Evidence and Procedure(6thEd., Butterworths, 1998) pp. 333-386
　　**1984年のP.Sallmann & J.Willis, Criminal Justice in Australia, OUP, Melbourne, 1984, pp. 124-7
　　G.E.Fitzgerald, Report of A Commission of Inquiry Pursuant to Orders in Council, Queensland Government Printer, 1989, pp 206-7
　　***Royal Commission into the New South Wales Police Service; Final Report VolⅠ,Ⅱ,Ⅲ, (1997)。NSW州のThe Police Integrity CommissionのHP（http://www.pic.nsw.gov.au/）にアクセスすると各種報告書のコーナーに王立委員会の報告書がアップされている（2005年4月25日現在）。

（渡辺修・記）

資料 ERISPガイドライン
電磁的に記録される取調べのひな形

以下は、(日付)に(警察署名)において私服警察官エリーゼ・ティーリングと(取調べを受ける者)との間に行われる、電磁的に記録される取調べである。

上級警察官による録画付被疑者取調べの承認手続用紙

その他同席しているのは：(その他同席している者は誰であるかを述べる)

被疑者に対して：
［問］反訳書作成のために、(被疑者氏名)さん、あなたのフルネームと姓のスペルを言っていただけますか。
［答］

取調べに協力する警察官に対して：
［問］反訳書作成のために、(警察官氏名)さん、あなたの名前、階級、そして姓のスペルを言っていただけますか。
［答］

親または弁護士に対して：
［問］反訳書作成のために、あなたのフルネーム、姓のスペル、住所、そして(被疑者氏名)さんとの関係を言ってただけますか。
［答］

その後、被疑者に向かって：
［問］私が今名前を挙げた人以外に、この取調室の中に誰かいますか。
［答］

現在の時刻：
(機械に向かって時刻を告げ、そして「東部標準時」と言う)

被疑事実の告知

□権利の告知
［問］私がすでにあなたに対して説明したとおり、（警察官氏名）警察官と私は、（日付、時刻および場所も述べる）に関して、これからあなたを取り調べます。私はこれからあなたに対して、そのことがらについてたくさんの質問をします。理解しましたか。
［答］
［問］あなたは、あなたがそうすることを望むのでないかぎり、何も言ったりしたりする義務はありません。しかし、あなたが言ったりしたりすることは電磁的に記録され、後に証拠として用いられることがあります。理解しましたか。
［答］
［問］この取調べが始まるに先立って、私があなたに対して、このことがらについてさらに質問をするつもりであると話したことに、あなたは同意しますか。
［答］
［問］あなたは、私があなたに対して、取調べに際して、私の質問およびあなたがそれらの質問に対してする答えのすべてが、音声テープおよびビデオテープに電磁的に記録されることも話したと同意しますか。
［答］
［問］あなたは、私があなたに対して、取調べの終わりに取調べの音声テープがあなたに対して渡されることも話したと同意しますか。
［答］
［問］あなたは、私があなたに対して、取調べの終わりに音声テープのなかの1本があなたの面前で封印されることも話したと同意しますか。
［答］
［問］あなたは、私があなたに対して、要請があればビデオテープを見ることを手配することも話したと同意しますか。
［答］
［問］そしてあなたは、電磁的に記録される取調べに同意しましたか。
［答］
［問］あなたに対して、この取調べに参加せよという、何らかの威迫、約束または利益誘導はありましたか。
［答］

□人定事項の質問
［問］この取調べの目的のために、あなたのフルネームは何ですか。
［答］

［問］　あなたの生年月日はいつですか。
［答］
［問］　あなたの現住所はどこですか。
［答］
［問］　あなたは今雇用されていますか。
［答］
（雇用の種類、雇用期間および収入を判断する為の補充質問）
［問］　あなたは結婚していますか／事実上の結婚をしていますか。
［答］
［問］　あなたには子どもはいますか。
［答］

□生活地域での人間関係を判断するための補充質問
［問］　あなたは、私が今日あなたに初めて話しかけたのは（時刻）くらいだったことに同意しますか。
［答］
［問］　何が起きたか、私に話すことはできますか。
［答］
［問］　何々(etc.)というのは、どういう意味ですか。
［答］
［問］　あなたは、（窃盗、暴行／殴打）することに関して、相手の同意を得ていましたか。
［答］

■以下、取調べのための発問を行うこととなるが、被疑犯罪に関する証拠について取調中に言及したかどうかを確認したうえで次の発問をすること。
［問］　このことがらについて、あなたは私に対して、もっと何か話したいことがありますか。
［答］
［問］　このことがらについて、あなたは手書きの供述書を書きたいと望みますか。
［答］
［問］　この取調べ記録に記録されている、あなたがしてきた答えは、あなた自身の自由意思によってなされたものですか。
［答］
［問］　あなたに対して、この取調べにおいて記録された答えをせよという、何らかの威迫、約束または利益誘導はありましたか。
［答］

この取調べは、(録音・録画機器に向かって時刻を述べる)に終了しました。
■その後、「東部標準時」と言う。
［問］　私はこれから上位階級の警察官を呼んできます。その警察官はこの捜査とは何も関係がありません。その警察官は、この取調べがどのように行われたかについてあなたに話しかけます。理解しましたか。
［答］

■録画機械のスイッチを切る。
■承認質問のための監督警察官の所在を確認する。
■監督警察官とともに取調室に入室する。
■録画機械のスイッチを再び入れる
■警部補を以下のとおり紹介する。
　「この人は(階級および氏名を述べる)です。彼は現在、パラマッタ警察署の統括官で、この捜査とは関係がありません。彼はこれからあなたに対して、この取調べがどのように行われたかについて、いくつか質問をします」。
■次に、主任取調べ警察官が、自己の氏名と階級、パートナーとなった警察官の氏名と階級を含めて次のように述べたうえ、退室する。
　「現在の時刻は(機会に向かって時刻を述べる)、東部標準時間です。○○(自己の氏名と階級)、□□(パートナー警察官の氏名と階級)は今から退室します」。
　この結果、監督警察官と被疑者だけが取調室に残ることとなる。
■取調べの中断の際、とるべき手続について
　取調官は、取調中のいかなる中断についても、その理由を説明するものとする。以下は、そうした説明に際して推奨されるフォーマットのひとつである

□短い中断の場合
　「現在の時刻は(機械に向かって時刻を述べる。東部標準時間)です。この取調べは(理由を述べる)の目的のために、何分か中断されます。休憩の間記録は止められ、取調べが再開される前に再度開始されます」。

□長い中断の場合
　「現在の時刻は(機械に向かって時刻を述べる。東部標準時間)です。この取調べは(理由を述べる)の目的のために中断され、可能なかぎり速やかに再開されます」。

□警部補による承認質問
［問］　あなたは(被疑者氏名)ですか。
［答］

［問］あなたは、この記録化された取調べを、自分の自由意思で行いましたか。
［答］
［問］この取調べで記録された答えをせよと、あなたに対して何らかの威迫、約束または利益誘導がありましたか。
［答］
［問］今日ここであなたが受けた取調べが行われた方法について、何か申し立てたいことはありますか。
［答］

■機械のスイッチを切る
■取調官を取調室に呼び戻す。マスター・テープにセキュリティー・テープを巻き付ける。

Ⅱ　被疑者取調べ録画手続の評価

州最高裁判所のある建物の入口にて

1 検察官の視点——コンロン公訴庁バリスター

□日時：2004年11月18日午前
□講師：ポール・コンロン氏
　　　　Paul V. Conlon, Barrister Deputy Senior Crown Prosecutor Senior Counsel(SC)
□概要：同氏は、NSW州公訴庁（Office of The Director of Public Prosecutions）所属のバリスターであり、公判廷における訴追を担当する。

　以下の質疑は、調査開始3日目に行われた。われわれはこの段階までに、裁判官、弁護士の取材、警察署見学などによってNSW州における被疑者取調べの録音・録画の概要、実際を取材済みであった。
　この段階で、同氏は被疑者取調べの録音・録画の持つ意義を再確認する機会を提供する意味で1セッションを持ってくれた。同氏は、カウデリー公訴庁長官（Nicholas Cowdery AM QC）とともに、日本の被疑者取調べをめぐる問題状況についてはその概要を把握しており、それを踏まえつつ、われわれの問題関心に沿って端的に被疑者取調べ可視化の意味を説明してくれた。
　以下すべて、問い【Q】は調査団、答え【A】は講演者の発言である。

■被疑者取調べの録画手続と警察の視点

　警察が取調べの電磁的記録化に満足している主要な理由は、次の点にあります。
　導入以前、ほとんどすべての事件について自白が問題とされた結果、警察は当該自白がどのようなものだったかに関して予備聴聞で証言を求められ、何時間も反対尋問を受けなくてはならなかったからです。今ではそうしたことはありません。というのも、自白が問題にされる事件はないか、あってもその数はごく僅かだからです。

その結果、公判手続全体のコストが減少するという点に関してお話します。

オーストラリアでは、たとえば公判審理に5日間かかる事件があるとすると、しばしばその前に予備聴聞というものが3、4日間開かれます。予備聴聞では、自白の許容性などの法律事項が議論されます。したがって、そうした事項について争いがないのならば、かつて3、4日の予備聴聞プラス5日間の公判審理で8、9日必要だったものが、公判審理の5日間だけで済むことになるのです。

■被疑者取調べと信頼関係論

[Q] 日本の捜査機関は、「日本では、取調官は被疑者と取調べの間に信頼関係を作らなくてはならない」、あるいは「被疑者に反省させないといけない」、「そのためにはビデオがまわっていたらそういうことができなくなる。だから録音・録画はできない」と主張をしています。その主張について、あなた方の経験からはどのように考えますか。

[A] もし、私が捜査官と話しているときに捜査官がそのように言ったなら、私は「そんなものはまったくもってクズ(rubbish)のような考えだ」、つまり「たいへんにばかげている」と言うでしょう。それが私の答えです。

　彼らの任務は、被疑者に反省の情を示させることではありません。彼らの任務は犯罪を捜査し、可能であれば真実に到達することです。さらにいうならば、絶対多数の西洋のシステムの基盤として、訴追された者には自己負罪拒否特権が認められています。そして黙秘権も基本的人権として認められています。

　日本の捜査当局が言っていることは、オーストラリアの警察官たちがかつて言っていたことと似ています。そして、そうした主張をするのは、決まって、どうしようもなく怠惰な警察であります。そういう人々は自分たちの捜査技術を、誰かを自白させることに用いて、それで自分たちの任務を終了させてしまいます。

　私は長年にわたって、人を訴追するという任務を果たしてきました。ですから一人の検察官として、こう申し上げます。

　私が訴追を担当する事件で、ある者の自白が違法な手段によって獲得されたのではないかという疑念が生じた場合には、私の専門家としての高潔性は、

その者の訴追を決して許さないでしょう。警察が被疑者を自白するよう強いたと知ったならば、私はそうした行為を行った警察官を、私のすべての権限を行使して訴追します。

　私は現在、この国で訴追を担当する法律家です。そして、あなた方は法律家として防御活動を担当しています。しかし、私たちのめざす目的地はただ1つです。すなわち、司法の利益を守るということなのです。

　私は、法律的関連性を有し、かつ法的に許容される証拠のみに基づいた有罪判決を得ることにのみ関心を抱いています。私は、不法に入手された、たとえば強制された自白のような証拠に基づいて有罪を獲得したいと望みません。私は、そのような腐敗の産物によって有罪を獲得するシステムの一部になど、なりたくはありません。

■香港における経験と取調べの電磁記録化

　1993年から1996年までの3年間、私は香港で政府のために働いていました。
　私がある事件の訴追を担当していたとき、その事件の被告人はこう主張しました。すなわち、自分が自白した理由は、ほかでもない、警察官が自分の足首をつかんでビルの窓の外にぶら下げたからである。「もし自白しないならここから落としてやる」と警察に言われたのだと、彼はこのように主張したのです。
　この事件の公判で最初に問題となったのはこの点でした。なぜなら、被告人は警察官が実際にこのような行為を行ったと法廷で述べたからです。警察は、自白調書に署名させるために被告人にペンを持たせていました。彼は自白するのを拒否しました。3回目の拒否をした後に、被告人は窓の外に宙吊りにされて、「署名しないなら、ここから落とすぞ」と言われ、そして引き上げられたのでした。
　被告人はそのときペンを持っていたので、足首を警察官に掴まれて窓の外に吊るされた状態で、外壁に自分のイニシャルを書いた、と法廷で述べました。その署名で自分の申立が真実であると証明できる、と言いました。
　これは、香港の九龍（kawloon）の、たしか8階建ての警察本部の7階で起きた話です。そこで期日を延期して、反対側のビルからイニシャルが書かれているのを裁判官が双眼鏡を使って確認しました。公訴は棄却されました。ひどい事件です。

取調べが電磁的に記録される以前はこうした状況でした。この国でも同じような方法で自白がでっち上げられた、という問題が存在していたのは疑いのないことです。もしこうした状況を止めたいのなら、非常に強力な、今私たちが持っているような法律を制定する必要があります。

■NSW州における自白の扱い

　最近、私が信用していないある警察官がいます。私たちが犯行現場に出向いたときに、遺体が床の上に転がっていました。警察官は、こう言いました。「被疑者は、被害者であるその女性を殺したと自分に語った」と。

　警察官が被疑者を警察署に連行し、ビデオ録画されている状態で、被疑者にたくさんの質問をしました。しかし被疑者は、その者を殺害したことにつき、まったく不利益事実の承認をしませんでした。

　警察官は、私に対して、「私が法廷で『被告人は犯罪現場で殺害を認めた』と証言することを許可してほしい」と言いました。私は「そういうことは、私たちの国の法律では許されない」と彼に告げました。

　そうした手続をとるためには、その警察官は被疑者に対して取調べを行い、「あなたは犯罪現場で、『私は彼女を殺した』と私に言ったことに同意しますか」と聞かなければならないのです。この質問に被疑者が同意をした場合に限って、現場の供述が証拠となります。

　重大事件の約95％で、誰かが殺害された現場に警察官はビデオ機器を持っていきません。それは、私が思うに、警察官にはビデオ録画をするよりほかに、やらなければならない大切なことがたくさんあるからなのでしょう。

　しかし、私だったら、犯行現場に行くときにはビデオを持っていけと言うでしょう。

　私は、長年訴追に携わっていますが、最近８年間、私が主に扱っているのは殺人事件、それも何人も殺しているような非常に規模の大きな重大な事件ばかりです。連続殺人犯の事件といった事件もなかには含まれています。ただ、連続殺人犯の事件は、そうたくさんはありません。そうした経験に立って述べていることです。

■被疑者取調べと時間制限

[Q]　被疑者取調べはどれくらいの時間実施しますか。

[A]　一般に、法律上取調べのために留置が認められるのは4時間だけです。しかし、もしも警察官が取調べ開始前に何らかの書類を必要とするような場合には、裁判所は、その4時間をさらに延長することを許可するでしょう。通常、その4時間というのは、被疑者または被留置人が警察署に到着したときから数え始めます。

[Q]　4時間経ったら、取調べをやめなくてはいけないのですか。

[A]　長い取調べのときには、警察官は質問をすべて終えるまで取調べを続けることができます。ですから、4時間が経過しても、質問をやめるようには要請されません。

[Q]　だとすると、たとえば殺人事件のような重大事件での取調べ時間はどのくらいかということは、おわかりになりますか。

[A]　時間をはっきり限定することはできませんが、取調官は被疑者を、たとえば8時間取り調べ続けるということはできません。なぜなら、それは裁判所によって過酷である（oppressive）とみなされるからです。

　もう1つ。私は最近ある殺人事件で訴追を担当しました。その事件では被疑者は警察署に約1時間留置され、その後2時間取調べを受けました。そこで被疑者は、疲れた、気分がよくない、もうこれ以上質問には答えない、と言いました。そのため、取調べは終了したのです。

[Q]　取調べ開始前に2時間留置し、その後取調べをした後、実況見分に出かけて3時間費やした場合には。

[A]　そうした状況では、警察官は時間延長の許可を得る必要があります。

[Q]　どの時点で許可を得るのですか。どのようにするのですか。3時間費やした時点で、4時間は超えてしまいますね。実況見分に3時間かかるとわかった時点で捜査を中止して、時間延長の令状を請求するのですか。それとも、取調官は被疑者とともにそのまま引き続いて実況見分に出向き、誰か他の警察官が令状を請求するのですか。

[A]　なぜ取調べ開始前に警察が2時間費やしたのか、その理由にすべてがかかっています。

たとえば、もしも警察署から逮捕現場に行くために車を使って長時間走らなくてはならないとしたら、それは考慮されるでしょう。しかし警察署から逮捕現場までわずか15分しかかからないならば、厳密にいえば、警察は4時間以内に取調べを完結させるべきです。

もし何らかの事情で私がさらに4時間の延長を望むならば、さらなる捜査期間延長許可を求めて申立をします。そうすることは可能ですし、時には実際に延長されます。しかし私は、事件の大多数において、最初の4時間以内で終えるのが普通です。

[Q] 殺人事件のような重大犯罪でも、そうなのですか。

[A] そうした事件では、捜査事項は非常に多くなります。ですから、時には4時間以上必要になることもあります。その場合は申立をします。

あなたのおっしゃりたいことはわかります。取調べをしてみたら、供述中に、さらなる捜査が真に必要となるような事項が現れてくる場合もあります。そうした状況下では、私は取調べを中断して申立をします。そして裁判官に対して、取調べを再開する前にもっと捜査をする必要があると告げます。そうした事件ではしばしば申立は認められます。

[Q] 最初に取調べを5時間して、その後実況見分に3時間出かけて、帰ってから2時間取り調べた、という場合は、違法になるんですか。取調べ時間自体は合計で7時間ですが。

[A] 捜査官が時間延長の申立をしないかぎり、違法になります。

[Q] 犯罪法（1900年）356G条の条文が問題になるのですが、ここには合計8時間を超えてはいけないと書いてありますね。

[A] この条文の意味は、最初の4時間が終わる前に、警察官が場合によっては捜査または被疑者の取調べを完了できないと信じる場合には、警察官は裁判官に時間延長の申立をすることができるということです。そして、裁判官はさらに8時間延長することができます。最初の4時間プラス8時間です。合計で12時間まで許されます。

[Q] では、取調べを6時間して、実況見分に7時間かけて、帰ってから2時間取り調べると、どうですか。

[A] 合計15時間ですね。違法です。

[Q] 実況見分に連れて行った先で、被疑者に質問をすることもありますよね。

それは取調べの制限時間には含まれるのですか。
【A】　多くの殺人事件では、被疑者の逮捕が伴いますよね。実況見分から警察署に戻ってきて取調べが行われます。すべての取調べは 4 時間以内に完了しなければなりません。

　しかし、警察官は被疑者に対してこう言うことがあります。「私たちはあなたを殺人の罪で訴追開始決定をします」。実際にも、訴追開始決定手続を実施します。

　そして、こう言います。「私たちはあなたをいったん釈放します。明日あるいは 2 日後にもう一度署まで来ていただいて、実況見分先であなたが言ったことを記録したいと思います」。

　それは、2 日後になるかもしれませんが、何日後かは問題ではありません。被疑者が警察官の申出を了解して、「わかりました。そうします」と言えば、それでいいのです。
【Q】　その場合には、すでに被疑者は訴追開始決定されているのですね。
【A】　そうです。訴追開始決定されてから、再度来署し、記録化することに同意をするということです。被疑者はこう言うかもしれません。「ほかにもいくつか言いたいことがありますから、警察署で取調べを受けます」。記録化は数日後になるかもしれませんが、被疑者が同意するかぎり、そういうことができます。
【Q】　そうした被疑者、被告人の同意はどのような形で残すのですか。
【A】　ビデオに録画します。警察署から出かけますね。そして私が警察官で、私の隣で通訳をしている彼女が被疑者だとします。私とは別の警察官がビデオカメラで撮影をしています。私はビデオカメラに向かって自分の名前を名乗り、次に被疑者の紹介をします。そして、「私は彼女を 2 日前に取り調べました。彼女は殺人の被疑事実で訴追開始決定されました」と言います。それから被疑者に向かって、「あなたは家の中に入って、ビデオカメラの前で犯行時の動きを再現することに同意しますか」と尋ねます。そのようにして記録化するのです。

■被疑者取調べの手持ち時間と事件の解明

[Q]　次に、殺人事件を4時間の被疑者取調べで処理することについて、検察官の目から見て十分な取調べ時間とお考えになりますか。

[A]　一般的に、殺人事件の犯人としてある者が逮捕される場合として、大きく2つに分けることができます。

　第1は、犯行現場において銃またはナイフを手に持った状態で逮捕される場合があります。これは時々あります。こうした状況下では、警察はその者をすぐに警察署に連行して取調べを行います。ですから警察は、そうすべきであるとはいえ、事件の背景情報をすべて知ることは困難かもしれません。こうした状況では、数人の目撃証人が存在しているかもしれません。通常、それらの証人には速やかに警察署に来てもらって、そこで被疑者を逮捕した警察官とは別の警察官によって、彼らが目撃したことに関する供述書が作成されます。そうした過程が経られることにより、被疑者を取り調べる警察官は、証人の供述書から情報を得ることが可能になります。そして、その結果、警察官は被疑者にさらなる質問をすることもあるでしょう。さて、証人の数が多い場合には、警察は彼らから話を聞かなくてはなりません。これが時間延長を求める申立をする理由のひとつとなっています。

　第2の場合です。これは被害者が殺害されて発見されたが、警察が犯人を知らないという状況です。当然、警察は捜査を行わなくてはならず、その結果として被疑者を特定し、その被疑者を取り調べることになります。したがって、取調べの時点では警察は、当該事件が何故発生したのかに関する多くの情報を入手していることになるのです。

[Q]　現場の警察官から、最大でも12時間という取調べのための持ち時間を延長してほしいという声はないのですか。

[A]　警察官がそのことについて不満を言っているとは耳にしていないので、私はその質問にはお答えできないかもしれません。

　通常、その時間内に警察は、被疑者に対する訴追開始を決定するに足る十分な情報があるか否かがわかります。そうして訴追開始決定をするわけです。訴追開始決定をしたこと自体は、警察がさらに証拠の探索を続けて満足のいく捜査を遂げる妨げとはなりません。

[Q] どうして私たちがこのような質問をするのかについて説明をしておきます。

調査を始める冒頭にお話ししましたが、日本では23日間の時間をかけて取調べを行います。ですから、私たちの目からすると、4時間とか12時間という時間制限は非常に短く見えるからなのです。

[A] 理解はできます。

私たちの取っているアプローチをお話ししましょう。私たちは警察官に対して、非常に端的にこう言います。「もしあなたが与えられた時間内に仕事ができないなら、誰か他の者にあなたの仕事をさせることにしよう」。

私たちはこうも言うでしょう。「あなたはプロの警察官だ。あなたは被疑者に対する訴追開始を決定することもできるし、そのうえ、さらなる他の証拠を得るために外回りをすることもできる。または訴追開始決定するに足る証拠が揃っていないならば、被疑者を釈放することもできる」。

十分な証拠がない場合に、いったん被疑者を釈放したうえで捜査を継続し、そして、もしも被疑者に対する容疑を深めるような他の証人を発見したら、また被疑者を逮捕して警察署に連行し取調べを継続できる、という点は非常に重要です。

ですから、私たちの国の法律は、犯罪捜査にかけたいと警察が望むだけの時間をかけさせない、というものではありません。そうではなく、被疑者をあまりに長い間身体拘束させないというものなのです。

この「4時間」という時間制限を考えるときには、多くの状況を考慮に入れなくてはなりません。法律上、逮捕後捜査のために使える「合理的な時間」を決定する際に念頭に置かなくてはならない事項が規定されています。117条にも、「4時間」の計算をする際、そこに含まれてはならないとされる一定の事項が列挙されています。たとえば117条のB、G、Hという条文がそうです。

たとえば、通訳人を要する被疑者取調べの場合、通訳人の手配をして通訳人が署に到着するまでの時間は合理的な時間あるいはその上限である4時間の計算に含めてはいけないとしています。また、昼食をとる時間なども4時間に含めないと規定する条文も存在します。取調中、取調官が被疑者に対して、「休憩をとりたいか？」「何か食べたいか？」と聞き、被疑者がそうした

いと答えた場合、1時間かけて昼食をとる、ということは非常によく行われています。この場合、その時間は4時間には含められません。

〈注記〉法執行（権限・責務）法（2002年）116条、117条で留置期間の合理性を判断するときに考慮にいれることのできる事情が列挙されている。たとえば、犯罪の重大性、被疑者の供述の姿勢、取調べ準備に必要な合理的時間などである（116条）。他方、本文のように、通訳人確保の時間、弁護人との接見などの時間は除外して計算される（117条）。See, Law Enforcement (Powers and Responsibilities) Act 2002, §116, §117. Cf., Crimes Act (1900), §356E, §356F.

■真相解明と世論

[Q] オーストラリアでは、証拠が不十分なために被告人が無罪となる場合、世論はどのように反応しますか。

[A] 被告人が有罪とされるには合理的な疑いを超える証明がなされなくてはならないと理解されていますから、問題は生じません。

[Q] マスメディアはいかがですか。

[A] もしも検察側が常に訴追に失敗している（事件を落としている）ならば、それはマスメディアから攻撃されるでしょう。しかし、そういうことが常に起きるわけではありません。時には訴追に失敗することもあります。しかし、私たちはそれを甘受します。なぜならそれは、そうなるべき事件だったのです。証拠が十分ではなかったからです。

　昨日、私の同僚のある検察官が法廷に出て、無罪評決を受けました。彼女は法廷から帰ってきて私に言いました。「あの評決は正しかった。私の目から見ても、証拠がよくなかったから」。

2 マジストレイトの視点——ヘンソン裁判官

□日時：2004年11月18日午後
□講師：グレアム・ヘンソン氏
　　　　Greame Henson, Deputy Chief Magistrate, Dowing Centre
□概要：ヘンソン氏は、公訴庁の隣にあるローカル・コートの裁判官である。同裁判官は、長年にわたる検察庁勤務の後、裁判官（以下、マジストレイト）となった。2004年段階では、検察庁の建物のすぐ隣にあるシドニー市などを管轄するローカル・コート（通称Dowing Centre）に所属し、州ローカル・コートの次席裁判官の立場にいる。マジストレイトの視点から、被疑者取調べの録画の意義について説明をした。

■ローカル・コートの役割

　私は、オーストラリアと日本における法律制度はまったく異なるものであると理解しております。また、被疑者取調べの電磁的記録のあり方が異なっているということも理解しています。比較のために、この州のローカル・コートの本質について最初に少しお話しします。

　この州のローカルコートは、3層構造となっている裁判所の3層目に位置しており、この国で最も多くの事件を取り扱っています。年間25万件程度の事件がそこで審理されます。事件数は毎年増加しています。最近5年間の増加率は23％でした。それは政府が雇用する警察官の数を増やしたからです。警察官が増えるほど、逮捕者は増加するものです。逮捕者が増加すれば、電磁的に記録された取調べ数も増加します。

■被疑者取調べ録画と裁判官の負担減

　電磁的記録機器の使用は重要な意味を持ちます。機器の使用に対する法的なコントロールを及ぼすことが、州を問わず、実務上重要なものとなってきています。

私がマジストレイトに任命される以前は、警察官と被疑者のやりとりは、ノートに記載されたり、タイプで打たれたりしていました。そして、「警察によって自白がでっち上げられた」という被疑者からの申立も一般的でした。裁判所がそうした申立を認めることも一般的でした。そのことについては、コンロン氏も似たことをお話ししたと思います。

　実務における取調べ録音・録画の導入の結果は劇的でした。ここシドニーのローカル・コートは、他の裁判所と比較したときに、手続処理を簡潔・簡易に行う点に特徴があります。取調べ記録の証拠の許容性に関する申立も多くありました。事件数として年間25万件以上あるわけですから、こうした申立がなされると裁判所全体にとってはたいへんな負担になるのです。

　ですから、現在の電磁的記録という方法が導入されなければ、裁判所はその機能を果たすことができなかったでしょう。大まかにいえば、20人のマジストレイト分の仕事を減らしたといってよいでしょう。事件処理にかかる期間を年単位で計算した場合、平均して審理期間の半分が、取調べ記録の許容性の問題に費やされていました。

　ところが、録音・録画に関する法律が修正されると、一夜にしてそうした争いは消滅してしまいました。それまで審理が遅れていた事件についても、裁判所はごく短期間の内に処理するめどを立てることができるようになったのです。現在では、被疑者の自白に関する許容性が争われる事件について耳にすることはありません。

　裁判所にとってのもう1つの利益としては、有罪答弁の増加が挙げられます。その結果、被害者その他の証人は出廷する必要がなくなりました。裁判所は、犯罪自体が何であったのか、被告人がどの程度反省しているのかなどについて、迅速に理解できるようになりました。その結果、量刑手続にも有用な多大な影響を与えることとなったのです。

　以上が、被疑者取調べの録画によってこの州のローカル・コートで生じた利益の概括的な説明です。取調べ録音・録画の立法化については当初若干の疑義が出されましたし、技術水準にも疑念が示されました。当初、警察は導入に反対をしましたし、法律家たちも懸念を示し慎重な姿勢をとりました。しかし、導入から数ヶ月が経過し、両サイドとも、録画を伴う形式の取調べに慣れてて、気にもとめなくなりました。機械が壊れてしまった場合を除いてですが……。

■信頼関係構築と取調べ録画

[Q] 日本の裁判所または捜査機関の言っていることをまずお伝えしたいと思います。それをお聞きになって、ご意見を賜りたいと思います。まず結論ですけれども、彼らは録画・録音の導入に強く反対しています。反対する理由の第一は、「信頼関係」に関連します。つまり彼らは、取調べの間に取調官と被疑者が信頼関係を構築すると言っています。そしてその信頼関係をつくるためにはビデオカメラは邪魔になる、つまりビデオカメラがその状況を映していたりすると、その信頼関係を作れなくなる、そう言っているのです。その意見についてどう思われますか。

[A] こんなふうにまずお答えしてもよいのではないでしょうか。オーストラリアでは、人と人との関わり方はもっとそっけないものです。人間的な信頼関係の問題は二の次くらいにしか考えておりません。もっとも、私は、そうした人間的信頼関係を構築するというようなことがらの理解に関する文化的視点に関する知識は持っていませんが。

私の言えるのは、オーストラリアでは人々は警察を信用していないのが一般的だということです。しかしながら、取調室で何が起きているかを録音・録画機器を使用して証拠化することが、そうした不信を取り除くのに最善の方法であるという認識も一般的です。

私は被疑者の取調べの録画ビデオを長時間見たことがあります。こう申し上げるのが公正であると考えるのですが、ビデオがあるということで、最初の5分間は取り調べるほうも取り調べられるほうも、どちらも互いに居心地が悪そうにしているわけです。しかし、ほんの短時間でビデオのことは忘れてしまい、彼らがしなければいけないことに集中し始めます。

そして、オーストラリアは多文化国家です。取調べにビデオ録画を用いることは、いろいろな幅のある文化に属する人々の間に普及しています。私がマジストレイトとして働いてきた16年間、取調べがビデオ録画されることによって何らかの文化的問題があったとか、または公正性が害されたといった申立を受けたことはありませんでした。

初期の段階では録音だけがなされており、ビデオ録画の機会は限定的でした。録音しかなかった場合には、私の経験でも、取調べを受けた者が警察の

行為や態度について申立をする場合が結構多かったのです。しかし、ビデオ録画の実施は、そうしたことに関する申立も消滅させました。

■反省悔悟と被疑者取調べ

[Q]　もう1つ反対理由を申し上げます。日本の警察や検察官は、取調べの中で被疑者は反省とか悔悟をしなくてはならない、それは非常に恥ずかしいことである、だから録画や録音がなされていてはしゃべらなくなってしまう、と言っています。それについてのご意見はいかがですか。

[A]　それも西洋文化と日本文化の話になってしまうかもしれません。先ほど申し上げたように、記録開始から5分後にはビデオがまわっていることは忘れられてしまいます。法廷でビデオが再生されることが一般に困惑を生じさせるものであると考えられていたかといえば、私たちの経験からはそうしたことはありません。

　　ローカル・コートの法廷における手続でビデオが再生されることは非常に稀です。記録をとることによって、論争は消えました。弁護人も検察側も、それぞれ自分たちのとれるポジションがどんなものかを正確に知っているのです。

■共犯者と取調べ可視化

[Q]　「組織犯罪とのからみで、共犯者は他の共犯者のことを言いたがらない、録画・録音の中では話したがらない、だから取調べで的確な供述がとれなくなる」と日本の警察や検察官は言っています。これについてはどうお考えですか。

[A]　組織犯罪については、私たちも同様の困難を抱えています。組織犯罪の取調べについては、録音・録画は義務づけられておりません。ですから、録音・録画された取調べに参加している被疑者は、事前にそのことに関してすでに同意をしている人々です。そして彼らは、黙秘権をすでに放棄しているのです。

[Q]　もし彼が「テープレコーダーが回っていないところであれば協力する」と

いう言い方をしたら、どうしますか。

[A] そういう形の「協力」は、私たちの国では証拠とはなりません。それは取調官に対して取り調べられる者が何らかの「秘密情報」を提供するということになり、他の誰かに対する、警察によるよりよい捜査を可能とするものです。しかし、その情報は、その「誰か」に対する不利益な証拠として用いられることはありません。

[Q] ビデオをストップして、事実上、情報を取ることはありうるのですか。それともそういうことすらしない、ということなのですか。

[A] その可能性はあります。ただ実務的センスから申し上げると、テープを止めて再開するとしますと、その間説明できない空白ができてしまいますね。その空白部分は、正式事実審理で問題とされるでしょう。

[Q] 供述を渋る証人に特別な保護を与えて証言をとる、というようなプログラムはありますか。組織から守るとか、特別に組織の犯罪から守るとか、そういうふうに供述を引き出すという、保護をして供述を引き出すという、そういう手続は……もちろん刑事免責もありますけれど、そういう制度はあるのでしょうか。

[A] そういう制度はありますが、その前に、証人と被疑者という言葉を区別しなくてはなりません。ある犯罪について話す証人であっても被疑者ではない者については、取調べについてビデオ録画は必要的ではありません。ときにビデオ録画されることもありますが、それは稀です。被疑者に対しては権利告知が与えられることが要請されます。また電磁的に記録される取調べへの参加に同意するかが質問されます。被疑者が同意すると答えたときにのみ、電磁機器による記録が行われます。ビデオ録画を実施するについては、さらなる同意が得られなくてはなりません。

　刑事免責は、取調べ電磁的記録とは異なる問題です。刑事免責とは検察のために刑事事件の証人に政府が提供するものです。通常は、法務総裁の署名による許可で刑事免責が行われます。証人が刑事免責を受け入れる場合、供述調書を提出するか、あるいは、録音・録画がなされている状況下で供述します。刑事免責の付与は、常に、事前の供述調書または録画された供述に沿って法廷で証言を行うことを条件とします。この結果、検察官側は、証人が司法取引の条件を守らなかった場合に当該証人を訴追する権利を留保しておく

ヘンソン氏を囲む研修風景

ことができるのです。

[Q] ビデオ録画制度の導入の結果、被疑者が共犯者のことなどを言わなくなり、治安維持ができなくなったり、犯罪防止ができにくくなったといった批判はありましたか。

[A] 簡単に言えばそんなことはありませんでした。この場合、被疑者が録画された取調べに参加することに同意したからといって、それは被疑者が真実を語っていることを前提にしているものではおよそないのです。実際のところ、私は今までに、録画された取調べ記録中で被疑者が供述したことが他の証人や証拠によって、「真実ではない」と証明された事例をかなり経験しております。記録化される取調べへの参加に対する同意は、必ずしも真実を語ることに対する同意ではありません。それは個人的な選択の問題です。ただし、取調べの記録化が社会と市民に与えたインパクトは、非常に大きなものです。

文化的な観点からしますと、記録化された取調べに参加するかどうかは個人の決定です。何人もそのような取調べへの参加を強制されることはないのです。

しかし、例外があります。NSW州とオーストラリア連邦には、国家犯罪委員会および国家犯罪捜査局と呼ばれる組織があります。これらは組織犯罪を扱う部門です。この委員会を設立した法律の下では、証人は質問に答えるよう強制されます。証人の供述を証拠として使うことができるようにするため、立法上導入された安全装置です。

私は、今述べた組織の実際の機能に関する専門家ではありませんが、連邦も州も組織犯罪に対する闘いを進めており、その際、警察の諸活動と平行して進めていることを認識しておいていただきたいと思います。

■共犯事件の取調べ

[Q]　組織犯罪のボスであるAにつき、同一組織内のBから供述を取りたいと警察が考えた場合、警察官はどのようにしてBに話すよう説得するのですか。
[A]　私の考えでは、ビデオが利用できる状態を外して話を聞く、という方法をとるのが警察の通常のやり方でしょうね。ビデオを撮らないで話を聞くことになるでしょう。

　ただ、そうしたやりとりで得られたものは、いわゆる「秘密情報」となります。もし被疑者Bに対して、Aの行為について供述するようにと警察官が説得した場合には、私はBについても訴追開始決定をするでしょう。Bから得られた供述がAの訴追に十分である場合には、私は裁判所と訴追開始決定を担当する捜査官に手紙を書き、BはAの捜査の助けとなる情報を持っていると告げるでしょう。

　この手紙は、検察官とマジストレイトまたは正式事実審理の裁判官だけが読むことができます。他の者が読むことは許されません。どのように助けとなるか、詳しいことは書かれません。他の犯罪捜査に関して、「彼が非常に助けとなるだろう」とだけ書かれます。われわれの法律では、そのような手紙は刑の宣告手続においてのみ法廷に顕出され、Bに関する刑の減軽がなされなくてはならないと規定しています。要するに、Bが話すAの犯罪の詳細についての情報に一定の報酬を与えるのは、警察ではありません。裁判所が社会を代表してこれを提供する形となるのです。

　これは確かに「利益誘導」といっていいでしょう。ただ、被疑者から自白を引き出す場合の利益誘導と同じものと扱う必要はありません。犯罪者自身が自らの利益を考慮して応ずるものなのです。量刑を下げてもらうことによって利益を得ることになります。警察が直接利益誘導をするというのではなくて、裁判所が社会を代表して利益誘導をしているとみるべきでしょう。

[Q]　それは社会にとっては公正であるかもしれませんが、そのような手紙が「秘

密」であるならば、Aの視点に立てば、それは公正ではないのではないですか。
[A]　そうではありません。Bの供述のみによって、Aが訴追されることはありません。Bの供述は、Aに関する事件の一部となるにすぎません。
[Q]　Aに関するBの供述がビデオ録画されていない場合には、どのように保全するのですか。
[A]　記録はされます。ビデオ録画であることもあります。ただし、録画である必要はありません。警察がワープロで記録して供述調書を作成し、それにBが署名をする場合もあります。またはノートブックを用いて記録してこれにBが署名することもあります。
[Q]　Aが他の証拠と併せて訴追されますよね。Aが訴追されたときに、他の人の証拠、たとえばC、D、Eなどの供述によって訴追されるとき、先ほど説明されたBに関して検察官、裁判官に手紙が送られているプロセスは、将来、Aの弁護人に対して明らかにされるのですか。
[A]　もしBがAについての供述をするつもりであるのならば、むろん事前に開示されることとなります。しかし、Bが単に捜査上の協力をすることだけしか考えておらず、法廷でAについての証言をするつもりがないのであれば、開示はなされません。

　　　後者の場合に得られる利益は、当該情報によって警察が捜査の焦点を絞り込み、より精度の高い証拠を集めることができることになるという点だけです。

　　　たとえば、Bが「Aが殺人をした現場にはいたが、証人となるつもりはない」と述べたとします。しかし、「現場にはCとDもいた」と供述したならば、警察はCやDの取調べに着手できるわけです。その結果、彼らから供述を得ることができるかもしれません。要するに、この場合には、Bはあくまで捜査のための資料を提出したにとどまります。

■故意の立証と取調べ

[Q]　どんな事件でも、被疑者の内心、故意の立証が必要になると思われますが、4時間の取調べだけでは不十分だと思いませんか。
[A]　不十分だとは思いません。ほとんどの事件において、取調べ以前に、警察

は当該被疑者に対する不利益証拠がどの程度確かであるのかについて一定の判断をしていなければなりません。そこで警察は、取調べの際にはすでに手元にある証拠を被疑者に提示してコメントを求める義務があるのです。通常は取調べはあまり時間がかかりません。

　私が裁判官となって16年が過ぎましたが、4時間の取調べ時間を延長する必要性を感じた事件は2件しかありませんでした。

【Q】　どのようにして被疑者の故意を立証するのですか。

【A】　故意は、不利益な事実の承認で行います。または状況証拠から認定します。証拠をすべて集めれば必然的な結論として、被疑者が一定の結果を認容していたことが明らかになります。その結果故意が立証されることになります。オーストラリアでは、故意の立証が必要な犯罪がありますが、他方、「無過失責任犯罪（strict liability offence）」の場合には、故意はそもそも争点とはなりません。

3 地裁判事の視点──ホスキング裁判官

□日時：2004年11月18日午前
□講師：グレッグ・ホスキング氏
　　　　GS Hosking, Judge, District Court of New South Wales　Senior Counsel(SC)
□概要：ホスキング氏はディストリクト・コートの裁判官である。同裁判官は長年にわたりNSW州でバリスターとして活躍した後、検察官となった。その後、公訴庁副長官に任命された。さらに、その才能を認められて、現在地方裁判所裁判官に任じられている。地裁で陪審裁判を担当する立場から、被疑者取調べの録画システムがいかなる意味を持つのかを端的に語ってくれた。

■自白の電磁的記録システムについて

　NSW州における重大刑事事件につき訴追開始決定された人々による自白の電磁的記録システムについてお話しします。この問題の本質は、1893年の刑事裁判において、イギリスの高等法院の裁判官によって述べられています。このような指摘をしております。すなわち、検察側がほとんどまたはまったく有罪を支持する証拠がない事件である場合ほど、被告人が警察に対してはその罪を突然自白する気になることがあり、両者には非常に高い相関性がある、と。

　何十年にわたり、同様のことがNSW州でも見られました。重大犯罪を行ったと訴追されている人が自白をするけれども、後にそれが争いとなり、しかもそれを補強する証拠がほとんどない、こんな事態が法廷で非常に現実的な問題として登場するのです。

　この州では長い間、被告人によってなされたと主張された自白が争われた場合には、当該自白の任意性の立証責任は検察側にあるとされてきました。刑事事件の審理において、多くの時間、時には数週間が、自白が真実であるか否かの争いに費やされました。

警察官が出廷して「自分が述べたことは、被告人によって署名された自白の内容と同じである」と証言する事件もあります。訴追された者が、何らかの偽計または威迫によって自白調書とされるものに署名させられたと主張した事件もありました。署名した書類に、何らかの不利益な事実の承認や供述を含む１頁が警察によって後から付け加えられたり、自白または不利益な事実の承認と読める複数の頁が、警察によって調書のはじめに付け加えられた事件もありました。それ以上にしばしば見られたのは、警察による、「被告人は犯罪について口頭で自白したけれども、確証のための署名は拒否した」という主張でした。

数日間そして数週間に及ぶ長い議論の末、裁判官が当該自白を証拠排除することもありました。しかし当該自白が証拠として許容されることもあったのです。この結果、非常に多くの人々が、やっていない犯罪について、誤った有罪判決を受けるということになりました。

NSW州の警察が以前に用いていた方法は、警察が犯罪を行っていると疑う者については、特定の犯罪に関与したという証拠がない場合でも、犯罪者をただ殴って自白を取るというものでした。

■取調べ録画システムの背景と功罪

1995年、NSW州の議会はある法案を通過させました。それは、重大犯罪に関する有罪の承認や自白について、例外はありますが、必ず電磁的記録がなされなくてはならないとするものでした。この法律によって、警察は1995年以降、訴追された者に対するすべての質問をビデオまたは音声テープによって記録する義務を課されることになったのです。電磁的記録の改変を防止するため、法は、被告人に対して取調べ記録の音声テープの写しを与えなくてはならないと定めました。

法廷では、裁判官と陪審に対してビデオテープが再生されます。それに加えて、彼らには取調べにおける被告人や警察官の言葉が反訳書の形で渡されます。

この法案を通過させるにあたり、議会が追求したのは、以下の４つの目的を達成することです。第１の目的は、犯罪について訴追された者が、警察の監護下にある間になした供述を信頼できる方法で詳細に裁判所に提供すること。第２の目的は、取調べにおける警察の行為に関する争いを解決するための、客観的な手段

ホスキング判事を囲む研修のようす

を提供すること。第3の目的は、取調べにおける警察の不公正な実務を防止すること。第4の目的は、「警察が不適切・不正な行為を行った」という不公正かつ虚偽の申立を防止することです。

　このシステムが導入された当初は、警察はこの新しい手続に不満でした。しかし、システム実施後10年が過ぎた今では、警察はこの電磁的記録システムを受容しただけでなく、それを好むようになりました。彼らがそれを好んだのは、これまで自白が真実か否かに関する議論に費やしていた時間が節約できたからです。そして、警察の行為が不適切だという申立がやんだことも、理由の1つでした。さらに、取調べが電磁的に記録されることによって、警察に質問されているときの被疑者の態度を見せることができる点も、警察がこのシステムを好んだ理由の1つでした。彼らは現実的な人々ですから。

　オーストラリアの心理学者は「陪審は被告人が有罪か否かに関する情報の90％を、被告人が法廷で述べた言葉からではなく、その態度そのものから得ている」と言っています。当然のことながら、被告人がどのような態度をとったかは、ビデオテープを再生することによってわかります。システム導入当初に弁護人たちが敏感になったのは、この点でした。

　裁判官として、かつて私は、法廷でビデオを証拠排除して陪審に取調べの反訳書だけを渡したものでした。そして弁護人たちに対して、「以前、あなたがたはビデオ録画がないことに文句を言っていたけれど、今ではビデオ録画があることに文句を言うのですね」と言うこともありました。

　電磁的記録システム導入から10年が経過しました。その結果は、関係者すべ

てがこの記録化を支持する、自白の電磁的記録を支持する、というものでした。つまり、警察も、検察も、弁護人も、裁判官も、すべての者がこのシステムを支持しています。

　私は、日本の刑事司法システムについて多くを知っているわけではありません。しかし、自白の電磁的記録化は、あなた方の国においてその有効性を熟考すべきものであると私は思います。

■取調べの電磁的記録の諸問題

[Q]　被疑者取調べ録画の有益性は非常によくわかりました。では、現在のオーストラリアでは、公判廷での任意性に対する争いは、もう存在しないと理解してよいのでしょうか。それともなお、録画されていない場面で何かがあったとか、そういう争いというのはあるのでしょうか。

[A]　それはとても興味深い質問です。システム導入後の2、3年間は、そのような申立がなされました。それは、警察官がカメラに映らないところや窓の外に立って被疑者を威迫したり、または自白させようとして暴行を加えたりしたという内容でした。現在ではそのような申立がなされたと耳にすることはありません。

[Q]　では次に、インフォーマル・インタビューについてお伺いしたいと思います。

[A]　それも立法によってカバーされています。取調室における公式の取調中に警察官に対してなされたものであれ、犯行現場でなされたものであれ、不利益な事実の承認は、少なくとも音声テープによる電磁的記録がなされなくてはならないとされています。そうしない十分な理由がないかぎり、記録しなくてはなりません。記録しなくてもよい場合には、当該時点で利用できる記録機器がまったくなかったり、または電磁的記録が被疑者によって拒絶された場合が含まれます。こうした規定を厳しいと思われるかもしれません。しかし、こうした例外的な場合を除き、話されたことはすべて記録されなくてはなりません。そうしないことは法を破ることになります。

　ただ、頭で考えるよりも、これを実施するのは難しいことではありません。NSW州の警察は、犯罪捜査にあたるときには、少なくとも小型録音機を携

帯するという考えに慣れてきています。

[Q] 「陪審員は、言葉でなく、質問されている態度を見る」ということでしたが、多くの人は警察に初めて来るとおどおどしています。それが間違った印象を与えないでしょうか。裁判官として、そうした偏見についてご意見を伺いたい。

[A] おそらく、陪審は、警察署で正式に質問されれば人はおどおどするものであると理解していると思いますよ。

[Q] テープ録音をすることによって、自白率とか有罪率に変化はありましたか。

[A] はっきりした数値を示せなくて申し訳ありません。しかし、かつて公訴庁副長官であった者として確信を持って申し上げられるのは、講演のはじめに言及したイギリスの事件のように、争いのある自白しか証拠がないような事件については、私たちは訴追をとりやめることがしばしばであるということです。

　1つ付け加えるならば、もしも制度が導入されたことで有罪率が下がったとしたら、私はたいへんに驚いたことでしょうね。

4 リーガルエイドの視点──レスター氏(ソリシター)

□日時：2004年11月16日午後
□講師：レスター・フェルナンデス氏
　　　　Lester Fernandez, Solicitor, Legal Aid (Criminal Indictable)
□概要：同氏は、法律扶助協会に勤務するソリシターである。法律家になってからは11年経つ。同協会は、経済的理由で弁護人を依頼できない被疑者・被告人に対して援助をする組織である。今回の調査プログラムは公訴庁がアレンジしたものであるが、訴追する側からの評価だけでなく、訴追開始決定をされた被告人の側に立って、被疑者取調べの録画手続など刑事手続の問題点について議論の素材を提供してくれた。このレクチャーの主なテーマは、法律扶助協会の機能、警察署にいる被疑者の法律家へのアクセス、公判付託審理、検察側手持ち証拠の開示、取調べの録画手続の意義についてである。

■法律扶助協会について

　最初に法律扶助協会についてお話しします。これは政府の組織の1つで、資金は政府から出ています。犯罪を行ったとして訴追開始決定された人々のためにあります。彼らは訴追開始決定されると、被疑者(suspect)ではなく被告人(accused)と呼ばれます。協会の中で最大の部署は刑事事件担当部署です。その他に、家族法が絡む事件や民事事件を扱う部署もあります。私は刑事事件担当部署におりますので、それについてお話しします。

　扶助協会に弁護を依頼した場合、いくらかかるのか、とよく聞かれますが、依頼人である被告人はお金を払う必要はありません。しかし、法律扶助はすべての人に適用されるわけではありません。社会的に不利益を被っている人々のためにあるからです。私の所属する部署は、身体を拘束され、聴聞(hearing)を控えている人々を扱います。保釈を受けている人々については後ほどお話しします。

■NSW州の裁判所について

　NSW州では、犯罪類型によって取り扱う裁判所が異なってきます。州の裁判所の一番上に最高裁判所があり、殺人事件等はここで審理します。その下にディストリクト・コートがあります。ここでも、とても重大な事件を扱います。最高裁判所で扱う事件以外ですが。そして、その下にローカル・コートがあり、上記の裁判所が扱う以外のすべての刑事事件を扱います。ここで犯罪という場合は、すべての犯罪をいうのではなく、刑事手続上の犯罪のみを論じています。

　これら以外には、少年を扱うチルドレンズ・コートや、興味深いものとして、薬物問題を扱うドラッグ・コートがあります。ドラッグ・コートはディストリクト・コートとローカル・コート両者と同じ管轄権限を有しています。刑事控訴院が最高裁判所の一部として存在します。ローカル・コートだけで審理される事件もあります。それが簡易処理犯罪（summary offence）です。

　また、ディストリクト・コートとローカル・コートの両方で扱われうる事件もあります。それが「別表１（Tabel 1）犯罪」と「別表２（Table 2）犯罪」と呼ばれるものです。別表１犯罪と別表２犯罪については、刑事手続法に規定があります。

　また、厳格正式起訴犯罪（strictly indictable only offence）と呼ばれる犯罪は、最高裁判所とディストリクト・コートだけで審理することが許されています。厳格正式起訴犯罪もすべて最初はローカル・コートから手続が始まります。ローカル・コートからディストリクト・コートに行く手続の途中に、公判付託審理があります。現在のポジションに着く前には、私はこの公判付託審理に係わっていました。

　　〈注記〉NSW州では、訴追後の処理に従い、犯罪は４つに分類されている。まず、ローカル・コートで処理することができる「簡易処理犯罪」と、「正式起訴犯罪」とに大きく分類される。正式起訴犯罪は、必ず陪審審理を経なければならない犯罪群、「検察官または被告人が他の選択をしなければ、略式処理をすることができる正式起訴犯罪」（別表１犯罪）と、「検察官が他の選択をしなければ、略式処理をすることができる正式起訴犯罪」の一覧表（別表２犯罪）に分類される。別表１犯罪群には被害額5,000ドル以上の窃盗などの財産犯などが列挙されている。別表２犯罪群には、身体に対する犯罪、ストーカー犯罪、脅迫罪などが分類されている。See, Criminal Procedure Act 1986 - Schedule 1- Table 1 & Table 2.

■公判審理概要

　ディストリクト・コートや最高裁判所で審理される殺人事件を担当することに

なると、一件記録綴り（brief of evidence）を入手します。ディストリクト・コートや最高裁判所で審理される事件は重大事件ですので、この一件記録綴りの量も増えます。

　ディストリクト・コートや最高裁判所で審理される事件の訴追は、公訴庁が担当します。ローカル・コートで審理される事件の訴追は、警察訴追官が担当します。

　ほとんどの事件は、ローカル・コートで審理されます。正確な数字は覚えていませんが、だいたい80〜90％がローカル・コートで審理されます。審理される裁判所がどこかにかかわらず、被告人のほとんどは有罪答弁をします。最高裁判所またはディストリクト・コートで被告人が無罪答弁をした場合には、正式事実審理に入ります。ローカル・コートで無罪答弁があった場合には、聴聞が実施されます。

　ローカル・コートでは、マジストレイトの面前で聴聞が実施されます。最高裁判所とディストリクト・コートの場合には、裁判官と陪審の面前で審理が行われます。有罪・無罪の判断は裁判官の役目ではありません。裁判官の役目は、法律が遵守されているかを見ることです。有罪・無罪の判断をする、つまり事実認定は陪審の役目です。

　裁判官は陪審に対して、彼らの役割はなんであるかを説明します。そのときに時々言うのが、「私は法律の判断者であり、あなたがたは事実の判断者である」という言葉です。

■一件記録綴りと刑事手続

　一件記録綴りには、すべての供述調書が含まれています。検察官が立証のために用いるものです。逮捕後被疑者段階で作成された供述調書や、被害者による供述調書、目撃証人による供述調書もそこに含まれます。専門家証人の供述調書も含まれることもあります。どのような専門家証人のものが含まれるかは、事件の類型によって異なります。血液鑑定など医学的専門家の供述調書があれば、これも一件記録綴りに綴じ込まれています。また、その他の書類として、たとえば、写真、見取図、地図も含まれます。ある者が有罪であることを立証するために依拠しようとする証拠、それらをまとめたものが一件記録綴りです。

　ローカル・コートで被告人が無罪答弁をする予定であると述べた場合には、こ

の一件記録綴りの写しが渡されます。それによって、検察官の主張の内容がわかります。被告人は一件記録綴りの写しを入手してから、法律家に相談します。そして、それでもなお無罪答弁をしたいかどうかを弁護人に告げるのです。一件記録綴りはまた、裁判所に対して、どのような証人を召喚する予定であるかを示します。

研修の一場面。左から後藤、山田、フェルナンデス各氏

　一件記録綴りに含まれる供述調書それ自体は証拠になりません。あくまで検察官側が立証する際によりどころとする資料です。供述調書記載の供述をした証人は公判廷に出廷の上口頭で証言をしなければならないのです。もっとも、証人がときにはさほど重要でない場合がありますが、そのときにはどちら側も証人喚問を求めないこともあります。以上が、ローカル・コートにおける一件記録綴りの説明です。

　最高裁判所またはディストリクト・コートにおける一件記録綴りの目的は、ローカル・コートにおけるそれと同じ点もあり、またさらなる目的もあります。同じ目的というのは、一件記録綴りが、被告人に対して検察官の証拠の内容を知らせるという点です。さらなる目的というのは、以下のような点です。すなわち、ローカル・コートからディストリクト・コートまたは最高裁判所に事件が移されるに際して、マジストレイトは一件記録綴りを読んで、もしも事件が審理されたら陪審が被告人を有罪とするに足る証拠が存在しているかを検討します。それは法律用語で「合理的な見込み（reasonable prospect）」と言います。合理的思考をする人々が裁判官から適切な説示を受けたならば、当該犯罪について有罪評決を出すだろう、という見込みです。刑事手続法62条、64条に規定されています。

■公判付託審理のための手続

　マジストレイトによるこの判断が行われる手続は、陪審に審理を付託するかどうかについて判断するためのもので「公判付託審理（committal proceedings）」と

呼ばれます。ローカル・コートから最高裁判所やディストリクト・コートに送られる際に行われます。最高裁判所やディストリクト・コートで審理を受ける事件は、まず、この公判付託審理を経なくてはなりません。通常は、マジストレイトは一件記録綴りを読みます。そして、刑事訴訟法62条、64条に書かれている基準をクリアーしていると考えたときにだけ、事件を最高裁判所やディストリクト・コートに送ります。一方で、被告人は公判付託審理を受ける権利を放棄することも可能です。そして自動的に最高裁判所やディストリクト・コートに事件が送られることがあります。そのことについては、刑事手続法68条に書かれています。

　先ほど、「マジストレイトは、通常、公判付託審理で一件記録綴りを読む」と申し上げましたが、時にはこの手続で証言をするために証人が召喚されることがあります。そしてマジストレイトが自分の耳で証言を聞いて、陪審が有罪評決を出す見込みがあるか判断するのです。すべての事件において、自動的に、証人が公判付託審理のために出廷するわけではありません。この審理に証人を呼ぶためには、いくつかクリアーしなければならない基準があります。その基準については刑事手続法91条と93条に書かれています。「司法の利益」に照らして、公判付託審理において証人が自ら証言をする相当の理由が必要になります。そこで、このNSW州では、何が「相当な理由」にあたるのか、何が「実質的な司法の利益」なのかについて争われた事件がいくつかあります。

　〈編注〉刑事手続法62条、64条は次のように規定している〔Criminal Procedure Act 1986, §62, §64〕。
　　第62条　(1)マジストレイトは、第３部に従って訴追側証拠を検討したうえで、訴追側証拠に基づけば、陪審は適切な説示を受けた場合被告人が正式起訴犯罪を実行したと合理的疑いを超えて納得するかどうかを決定しなければならない。
　　　(2)マジストレイトは、公判付託審理において、訴追側証拠を検討し、その他マジストレイトの面前に提出された証拠も熟慮した後に、マジストレイト面前のすべての証拠を考慮しても、合理的な陪審が適切な説示を受けた場合に被告人が正式起訴犯罪を実行したと合理的疑いを超えて納得するに足りる証拠であると判断するに至らないときには、被告人に対する訴追を棄却しなければならない。
　　第64条　マジストレイトは、公判付託審理において訴追側証拠のすべてならびにあらゆる被告人側証拠を取調べた後、すべての証拠を考慮したうえで、これらすべての証拠に基づくとき、合理的な陪審が適切な説示を受けた場合に、被告人を正式起訴犯罪について有罪とする合理的な見込があると判断できるかどうかについて決定しなければならない。

■バリスターとソリシターについて

　バリスターは、スペシャリストです。心臓外科医がスペシャリストであると同様です。もし誰かが体の調子が悪い、ということになれば、一般医にかかります。一般医も専門医も、どちらも医学の学位は持っています。しかし、仕事のタイプは少し異なります。バリスターは法廷活動のスペシャリストです。ソリシターもスペシャリストではあるのです。しかし一般的に、より重大な問題についてはバリスターを雇います。ですから、一般的に、最高裁判所やディストリクト・コートで扱う事件ではバリスターが登場します。ソリシターも事件を扱いますが、より重大事件ではバリスターが活動します。ローカル・コートの事件をバリスターが担当することもありますが、より一般的に活動するのはソリシターです。これが非常に概括的ではありますが、バリスターとソリシターの役割分担のお話です。

　バリスターが黒い法衣を着ているのをご覧になったと思います。ずっと昔々は、もっとさまざまな色の法衣があって、とても色彩豊かでした。しかし、1504年にイギリスのアン女王が崩御したときに、喪に服すという意味でバリスターは黒い法衣を着ました。法衣の色が黒になったのはそれからです。500年もの間、それが続いているのです。

　最高裁判所とディストリクト・コートで活動するときは、バリスターは法衣を着用しますが、ローカル・コートで活動するときは普通の服装をしています。オーストラリアのいくつかの州では、バリスターとソリシターには違いはありません。融合職と呼ばれています。しかし、NSW州では、バリスターとソリシターは分かれています。

　バリスターがどの段階から関与するのか、ということについては、端的にいえば「どの段階からでも関与する」といっていいでしょう。取調べ段階から関与することもあり得ます。しかし、そういうことは珍しいです。どの段階からバリスターが関与するかは、事件を担当するソリシターが誰かにかかっています。

　私は公判付託審理に携わってきましたが、通常私たちがバリスターに一件記録綴りを手渡して事件の依頼をする［編注：「briefを手渡す」と表現する］のは、公判付託審理が終了したときです。

［Q］最高裁判所やディストリクト・コートで必ず審理される殺人事件などでは、逮捕されたら、必ずバリスターに事件を依頼するのではないのですか。

[A] それは、事件がどのようなものかによります。私は現在、殺人事件の公判付託審理に関与しています。私の関与したのは、訴追開始決定の直後からです。今は一件記録綴りが来るのを待っている状態です。公判付託審理が終了したら、一件記録綴りをバリスターに渡します。

　訴追開始決定されたらバリスターに事件を依頼する者もいます。最初についた法律家次第です。仕事内容は事件ごとに異なります。殺人事件などで、もしも依頼人がバリスターを依頼したいと思った場合にはバリスターに依頼します。

　法律扶助協会が絡んだときには、少し状況が変わります。最高裁判所やディストリクト・コートに行くような事件の公判付託審理には、当該手続専門のソリシターがつきます。法律扶助協会が扱う事件では、一般的に、バリスターに事件を依頼するのはこの審理手続終了後です。もしも複雑な殺人事件などであった場合には、訴追開始決定直後からバリスターがつきます。しかし、それはきわめて稀なケースです。

■証拠開示について

　次に、検察側手持ち証拠の開示についてお話しします。多くの事件で、警察が被告人またはその弁護人に渡す一件記録綴りには、被告人側が必要とする情報がすべて入っているわけではありません。そこで、弁護人はさらなる証拠の開示を求めます。これを法律用語で「証拠開示請求」といいます。

　一件記録綴りは、検察官が「被告人側はこの証拠が必要だろう」と考える証拠資料で構成されています。しかし、被告人側からはしばしば証拠請求が行われます。例を挙げましょう。時に、警察に対して供述をしているはずの者の供述調書がそこに含まれていないという場合があります。弁護人は渡された一件記録綴りを読んで、検察官に対して、「他の者からも供述調書をとっているのではないか」と尋ねます。そこに含まれているべきなのにない医学的証拠というものもあります。家宅捜索が実施された場合に、令状そのものや令状請求書が含まれているべきなのに、それがないこともあります。また、通信傍受が実施された場合には、その記録や通信傍受令状、令状請求書が含まれていないことがあります。

　また、ある者が逮捕されて留置されている場合には、警察は留置されている間

の記録を保管しなくてはなりません。この記録は、「留置記録」という名称です。

　私たち弁護人は、検察官が最初に渡す情報よりももっと多くの情報を手にしたいと考えます。ですから、検察官が開示する情報は、時に完全ではないといってもいいでしょう。そこで、私たちは裁判所に対して、証拠開示命令を出すように求めなくてはなりません。証拠開示命令が出ると当該証拠資料は裁判所に提出され、そしてアクセスが可能となります。

　証拠開示命令の対象は、時に警察の記録に及ぶことがあります。または、当該証拠資料が事件に関連性を有するならば、たとえば病院などの他の組織が保有する記録である場合もあります。

　弁護人の重要な役割としては、どのような証拠資料が必要かを判断することと、どのような証拠資料が存在するかを判断することにあります。被告人側が必要な情報を持っていないならば、弁護人はその開示を要求しなくてはなりません。

■証拠開示の諸問題

[Q]　証拠開示は、公判付託審理の前に要請するのですか。それとも正式事実審理が始まる前にするのですか。

[A]　すべての段階で証拠開示は行われます。

[Q]　最高裁判所やディストリクト・コートで扱われるような事件についてはどうですか。

[A]　そうした事件については、訴追開始決定の後から公判付託審理の前までに証拠開示が行われます。というのも、そこで開示される情報は、公判付託審理に必要な情報だからです。しかし実務的には、一連の手続上で適宜開示がなされます。時には陪審による正式事実審理に入ってからでも証拠開示が行われたりします。しかし、公判付託審理に入る前にできるかぎり多くの情報を入手したほうが、防御活動にとってはいいのです。

[Q]　検察官が証拠開示を嫌がったりすることはありますか。

[A]　すべて開示するということはないですね。公訴庁にはガイドラインが存在しますが、現実は違います。警察が訴追開始決定をします。その後公訴庁の検察官が事件を引き継ぎます。それぞれの役割は異なります。警察は公訴庁のソリシターに情報を渡します。私の経験に照らすと、完全な証拠開示は行

われてはいません。

- **[Q]** では、裁判官が証拠開示命令を出すのはどのような証拠についてですか。
- **[A]** それは事件の種類によって異なります。性的事犯を例にとると、被害者は病院に行って診察を受けます。性的事犯情報キットというものがあるのですが、それは一件記録綴りの一部として開示されます。しかし、それ以外の医学的情報は開示されません。そうした情報を開示させるには裁判所の命令を待たなくてはいけません。とくに被害者が子どもの場合には、そうした情報が必要になります。
- **[Q]** 先ほどの医学的情報というのは、検察官の手元にない情報ということですか。当該情報の開示命令は、検察官に対してではなく、情報を持っている病院に対して出されるのですか。
- **[A]** もしも裁判所に開示命令を出してほしいときには、私自身が申請書を作成します。申請書には特別なフォームがあります。そして私は裁判所に行って申請書を提出し、裁判所に認可印をもらいます。この命令書の写しは4通作成し、1通は裁判所が保管します。残りの写しは私の手元に置き、病院に行って責任者に渡します。病院の責任者が書面を読んで、私たちは情報を入手できるのです。

　書面には、他の人に情報を漏らしてはいけないなどということがらが書かれてあります。病院は、裁判所からの開示命令を無視することはできません。病院は裁判所に当該情報を含む記録を送付し、裁判所が記録を読んで、他の人に情報を漏らすべきではないということもあります。命令書の日付は、私たちが裁判所に申請書を提出した日よりも後の日付となります。

　記録が裁判所に提出されたら、命令書は裁判所に返還されます。病院の提出した記録を裁判所が書類にし、弁護人は当該書類にアクセスすることになります。開示命令によって開示された情報に対しては、両当事者がアクセスすることができます。
- **[Q]** 検察官は多くの証拠資料を保有していますが、そのうちどのようなものを被告人側から「隠す」のですか。
- **[A]** 私の経験では、それほど証拠資料を「隠す」ということはありません。だいたい被告人側がほしいと思う証拠資料は開示します。必要な証拠資料があれば、検察官は警察に「これこれの書類を弁護人に渡すように」と言います。

ほとんどの事件で、公訴庁は「隠す」ことはありません。その点は、とても公正に行われています。

　正式事実審理前証拠開示（pre-trial disclosure）がありますが、特別な手続です。ほとんど行われません。正式事実審理前証拠開示では、検察官は被告人側に対して証拠開示をします。その際、非常に少数の事件で被告人側が自らの主張を検察官に開示します。しかし、ここNSW州では、検察官は合理的な疑いを超える程度の立証をしなくてはなりませんから、被告人側が主張を開示しなくてはならない事件は、非常に少数です。0.00001％とか、そのくらいのものです。立証責任は検察官にあるからです。被告人側が主張を開示しなくてはならない例としては、事案が複雑であって、被告人側からの主張開示が公判期日の短縮に役立つなど、特別な理由がある場合に限られます。刑事手続法136条に規定があります。

　罪名が何であれ、こうした正式事実審理前証拠開示が行われる可能性は否定できないのですが、たいていは最高裁判所やディストリクト・コートで扱われる事件についてしか、こうした証拠開示は行われません。ただし、アリバイについては別です。アリバイについては検察官に知らせなくてはなりません。

［Q］　日本で導入される公判前整理手続は、検察官が一定の証拠開示をして、その後被告人側が主張をし、それにあわせて検察官が証拠開示を行うという手続です。オーストラリアでは、どういう争点につきどういう証拠を取り調べるかについて、また審理の計画については、誰がいつ決定するのですか。

［A］　どういう証人を召喚し、どのような証拠の取調べを申請するか決定するのは検察官です。立証責任が検察官にあるからです。公判付託審理までは別段争点整理のようなことはしません。公判付託審理で、どのような証拠・証人を用いるかが正式に整理されて被告人側に知らされます。裁判所とは無関係に両当事者間で協議を行い証拠リストのやりとりなどをし、どうするかを決定します。

　〈注記〉　NSW州では、「公訴庁訴追ガイドライン（Prosecution Guidelines of the Office of the Director of Public Prosecutions for New South Wales）」18項により以下の証拠開示を検察官に義務づけている。これは、刑訴手続法が定める公判前証拠開示とは別に当然に負担すべき義務として運用上定着している。

　「検察官は、慎重に検討したうえ、次のような条件を満たす資料はすべて適宜に被告人に完全に

開示しなければならない。
・事件の争点に関連しあるいは関連する可能性の高いもの
・検察官が立証に使う予定の証拠からは存在が明白にはならない新たな争点を提起し、あるいは提起する可能性の高いもの
・上記2つの状況に至る証拠の手がかりを与える現実的な見込み（架空のものではない）があるもの」

　以上と別に、裁判所が介在する「公判前証拠開示手続」が法定されている（Criminal Procedure Act 1986,§136ff.）。ここでは、検察側の証拠開示、争点開示に始まり、被告人側の争点開示（責任無能力、正当防衛、挑発など）、正式起訴犯罪の場合の公判前アリバイ告知などが詳細に規定されている。ただし、その運用状況は本文のとおりである。

■証拠の許容性について

　「取調べ」という言葉の意味は、非常に幅が広いのです。警察は、やりたいと思うことは何でもできます。しかし、後に取調べ内容を証拠として法廷に持ち出すことになれば、そのためには遵守しなくてはならない法律や規則があります。

　そこで、「電話をかける権利」について検討してみましょう。たしかに警察は電話をかけさせなくてもいい。しかし、警察が被疑者から電話をかけたいと言われてその要請を拒否した後取調べを実施したならば、後に公判段階に入ってから、被告人は「その取調べを私に不利益な証拠として使用すべきではない」と申し立てるでしょう。

　むろんこうした申立は、各事件ごとにさまざまでしょう。が、それは証拠能力の問題です。そうすると、検察側が今度は当該取調べ内容は被告人に不利な証拠として使える旨立証しなければならなくなります。要するに、すべて、被告人の有罪立証に使用できる証拠の許容性の問題となるのです。

　刑事手続法281条は「被告人がなした供述を法廷で証拠として使うためには、すべてテープに記録されていなければならない」と定めています。ただ、この条文は一定の犯罪、すなわち正式起訴犯罪で訴追されたときにのみ適用があります。警察に対して供述がなされた場合に、その供述を法廷で証拠として使うための条件です。被告人が公式の取調べで自認した場合には、証拠の許容性が認められるためには、テープ録音を要するのが原則です。

　ところで、警察は取調べ自体としては何でもできる、と先ほど申し上げたことについてお話ししましょう。取調べ、という言葉は広い意味を持っています。広すぎるといっていいでしょう。ある者を逮捕したら、その者が「私は罪を犯しま

した。私は有罪です」と述べたときには、その後、警察はテープ録音を「しなくてはいけない」というわけではありません。したくないと考えれば、しなくてもいいのです。しかし、テープ録音しなければ、録音できなかった合理的な説明ができないかぎり、法廷でそれを証拠とできる可能性はほとんどないでしょう。ですから証拠の許容性というものは、証拠を採取するということと、それを法廷で用いるということの間に違いをもたらすわけです。

法律扶助協会の執務室にて

■弁護人の受任について

[Q] 弁護人としてどのように事件を受任するのですか。逮捕された被疑者からの連絡はどのようにして来るのですか。

[A] それは被疑者がどのようなカテゴリーに該当する人かにより、さまざまです。一般的には、被疑者が警察に電話をかけてもらって連絡が来ます。被疑者がどこにかけてよいかわからない場合には、各地の法律扶助協会に電話をかけてくることがあります。時には警察官が被疑者に電話帳を渡して、それを見て被疑者が弁護士に電話連絡を入れることもあります。

法律は、たとえば子ども、アボリジニの人々、知的障害等の障害を持っている人々のように特別な権利を持つ人を定めています。被留置人の世話をする立場にある留置管理官は、特別な権利を持つ人のために特別な段階を踏みます。法律家とのコンタクトをとること、被疑者取調べに同席する人とコンタクトをとること、そして被疑者取調べに立会する人を「インタビュー・フレンド」といいますが、そうした人とコンタクトをとることなどが法定されています。彼らにはこうした特別な権利が認められているのです。

■弁護人との電話接見

[Q] 逮捕された被疑者は、外部に自由に電話をかける権利があるのですか。

4 リーガルエイドの視点——レスター氏（ソリシター）

[A] 電話をかけるのは権利ではないと思います。というのも、それが権利であれば普通法律に規定されているからです。ですから、私はそれを「権利」とは呼びません。
[Q] 電話をかける機会は保障されているのですか。逆に、被疑者が法律家に電話をかけたいと言ったときに、警察はそれを拒否することはできるのでしょうか。
[A] 拒否できます。
[Q] 現実にはどうですか。
[A] 現実には、警察は電話をかけさせるでしょうね。
[Q] 警察に捕まっている人から弁護士のもとに電話があって、どうすればいいのかと聞かれた場合には、弁護士は警察に出向くのですか。それともまず電話で助言をするのですか。
[A] どうするかは弁護士が狙いとするところによって変わってきます。この州でアボリジニの人が自由を拘束されている場合に、電話をかけてきて法的な助言を求めたとします。私の働いている法律扶助協会であれば、電話で助言を提供します。またわれわれの協会には、留置された子ども用の電話番号があります。通常、警察は子どもにはその電話番号を教えています。ですから、子どもたちは電話で助言を得ることができるのです。

　電話がかかってきたときにすぐに警察署に出向くことができる弁護士は滅多にいないといったほうがいいでしょう。時には出向くこともありますが。人によって異なります。警察署に出向くことがほとんどであるような弁護士もいます。しかしそういう人は多くありません。

　そして、出向かない場合には電話で法的助言を行います。しかしながら、留置下に置かれている人に電話で法的助言を与えるのは難しい仕事です。万引きなど現行犯逮捕された事件であればことは明白なのですが、そうでない事件の場合には、法的・技術的な問題を伴うことになります。被疑者が、自白をすべきかどうか助言を求める場合がその例です。ここで自認をして検察側に協力することが妥当かどうかについて助言するのは困難です。しかも、弁護士に電話がかかってきた時点では、弁護士は、被疑者に不利な証拠がどの程度固いものなのかわかりません。ですから、「何も言ってはいけない」というのが最もよい助言になります。

というのも、被疑者・被告人は警察の取調べを受けるのはいつでもできます。訴追開始決定後、そして公判中でさえも可能なのです。もちろん、公判段階では弁護人がつきますから、弁護人は自分の依頼人が取調べを受けることをよしと考えないでしょう。ただ、ここで明確にしておきたいのは、被告人が警察の取調べを受けて事情を説明することはいつでもできるということです。

[Q] 先ほどの話に戻りますが、逮捕された被疑者が弁護士にかける電話の内容は記録されているのですか。それともまったく秘密に会話ができるのですか。

[A] 記録されてはいけないことになっています。依頼人と弁護人間の会話は第三者には秘密にされます。ですから、被疑者が「弁護士と話をして法的助言を受けたい」と言えば、会話は記録されませんし、警察によって聞かれることもありません。

[Q] 警察の取調べ開始前に弁護士が被疑者と直に接見する、つまり電話以外で接見するということはあまりないのですか。

[A] 正確な数字を出すことは難しいですが、しかし私の経験では、私の係わった被告人のほとんどが、取調べ前に弁護士と会っていません。

[Q] それは要するに、そもそも被逮捕者が法律家にアクセスしようとしないからですか。それともアクセスしようとしても、弁護士が忙しい等の理由でアクセスできないのでしょうか。そもそも被疑者が法律家とアクセスしようとしないという理解でいいのですか。

[A] 私の考えでは、彼らが「弁護士に電話をかける」ということを知らないからだと思います。

■供述の証拠能力と電話接見の保障

[Q] 警察は取調べの時に、被疑者には弁護士に電話をかける権利があるということを告知しないのですか。

[A] 通常はしません。黙秘権については取調べの開始時に告知しますが。電話をかけることは「権利」ではありませんから。

[Q] ちなみに日本では、憲法で、逮捕されると同時に、少なくとも弁護人を依頼する権利が認められています。逮捕されると同時に警察は被疑者に対して、

「あなたには弁護人を依頼する権利があります」と伝えます。

[A] オーストラリアでは、憲法でもその他の法律でも、それは「権利」であるとは書かれていません。そのことは、証拠の許容性の問題です。警察は電話をかけさせなくてはいけない、ということはありません。その問題は後になって出てくる事項です。しかし、忘れてはならないのは、すでに申し上げたように、子どもやアボリジニの人など一定のカテゴリーの人々には、そうした特別な権利が認められています。

[Q] そうであるとするならば、弁護人がつくのは一般的にはどの段階からということになりますか。

[A] 弁護人が「つく」という意味がよくわかりません。法的助言を与えるということなのですか、それとも被疑者のために活動をするということですか。

[Q] 両方の意味です。法的助言を確実に受けられるのはいつか、ということです。

[A] 通常、法的助言が受けられるのは逮捕され警察署に到着したときです。それが普通です。とても幸運な被疑者はその段階で、自分のために活動してくれる弁護人を持つことができます。しかし、そうした事態はあまり起こりません。被疑者のために「活動する」という意味で弁護人がつくのは、警察署に弁護士は出向かないわけですから、犯罪に関して訴追開始決定された後です。訴追開始決定をされたならば、そのことに弁護士が対応します。訴追開始決定をされていないなら、弁護士がつく理由がないわけです。

[Q] そうすると、接見に行かないわけですから、警察の取調べに弁護人が立ち会うことはほとんどないという理解でよろしいんでしょうか。

[A] それで結構です。立ち会うことはできますが、そういうことはほとんどありません。訴追開始決定される前には、自分が訴追開始決定されるかどうか、被疑者にはわかりません。ですから、その段階で弁護人をつけることはないのです。しかし、それは事件によってさまざまです。たとえば、巨額の金銭が絡む詐欺事件などでは、警察署に来る前に弁護人を依頼することもあるかもしれないですね。

■被疑者取調べの録画・録音に関して

[Q] 取調べの録画システムについて弁護人の立場からどう考えますか。

[A] いくつかの点では、とても有益（helpful）な制度であると考えます。録画制度の導入前には、警察官がその場で話されたことをノートに書き留めて、署名を求めていました。言ったことがテープに記録されるということはありませんでした。当時は「自白でっち上げ」が起きていました。「自白でっちあげ」とは、「被疑者がなにもかも自白した」と、警察がでっち上げることです。そして後になって、「そんなことは言っていない」と被疑者が争うことになります。取調べの場で何があったのか、私たちには知る方法がありませんでした。今ではビデオがありますから、誰が何を言ったのかわかります。

しかし、私は先ほど「いくつかの点で」と申し上げました。それはどういうことかというと、ビデオ録画の前に何があったか知ることはできないのです。ただ、ビデオ録画が導入される以前と比較すれば改善はされたと思います。しかし、それは完全な解決方法ではありません。

[Q] 自白率はどうでしょうか。録音・録画の実施後、被疑者が自白しなくなった、ということはあるのですか。

[A] そのあたりはよくわからないので、何とも申し上げられません。しかし、ビデオ録画していないから被疑者が自白をする、と警察が言うのは難しいのではないでしょうか。

[Q] おおざっぱな聞き方で申し訳ありませんが、現在、ソリシターの目から見ると有罪を認める率はだいたいどれくらいですか。まず、取調べ段階についてお聞きしたいと思います。

[A] パーセンテージでお答えするのは難しいのですが、罪を認める人もたくさんいますし、同時に認めない人もたくさんいます。ですから、どれくらいの割合かをお答えするのは難しいです。

[Q] 捜査段階で否認していた人が、後になって、アレインメントの段階で自認することも多いのですか。

[A] そういう事件は多くあります。正確な割合は言えませんが、それは犯罪の種類によって異なります。警察でいったんは訴追開始決定されたものの、裁判所では有罪答弁をしないという事件はあります。

[Q] 先ほどのお話は、ビデオ録画する前に警察で脅される、という場合があるということですか。

[A] そうです。そういうことは起きています。ビデオ録画というのは、録画機器が動いている間に何が起きたかだけを示すものです。それ以前に何が起きたかを示すものではありません。

[Q] そのことに関して、後の公判段階で問題となった例を何か挙げていただけますか。

[A] とくにこれという例は今思い浮かびませんが、自白をしないならば保釈を出さないという例があります。

[Q] では、正式事実審理になってから、捜査段階で強制されて嘘の自白をしてしまったとして争われる事件は、今でもありますか。

[A] そういう事件は多いとはいえません。オーストラリアでは手続の一部として「証拠決定手続（voire dire）」という特別な手続があります。証拠決定手続は、「審理の中の審理」です。これは、どのような証拠が陪審の前に提出されるか、裁判官が決定する手続です。被告人が、「警察に強制されて自白してしまった」と主張しており、正式事実審理が実施されることになると、当該取調べの問題は、陪審の前に持ち出される前に証拠決定手続で裁判官が判断をします。裁判官が当該自白を陪審の前に提出するかどうかを判断するのです。

[Q] そういう事態は、警察での取調べで録画を実施するようになって以降、しばしば起きるのですか。それとも稀なのですか。

[A] そういう事態が普通だというわけではありません。「多い」というわけではありません。割合としてはとても低いです。

[Q] どのような事件の場合に、弁護人は録画されたビデオを見るのですか。

[A] すべての事件で録画されたビデオを見るのが理想です。しかしそれは理想の世界の話で、実際はそうはなりません。ただ、最高裁判所やディストリクト・コートに行くような重大事件の場合には、弁護人はビデオをだいたいいつも見ます。しかし、ローカル・コートに係属するような事件では、単に弁護人が忙しいという理由から、弁護人がビデオを見ることは稀です。

[Q] 法廷で取調べの状況が再生されることはよくあるのですか。

[A] 最高裁判所やディストリクト・コートでは、ほとんどすべての事件につい

てビデオテープが再生されます。
[Q] なぜですか。
[A] それは、取調べの中で被告人が何を語ったかということが、証拠の一部となっているからです。
[Q] 否認している状況も再生されるのですか。
[A] されます。
[Q] それは誰が請求するのですか。
[A] 検察官です。どのような証拠を陪審の前に出すかを決めるのは検察官ですから、その一部として、否認事件であってもビデオテープは再生されます。その理由は、当該ビデオテープも証拠の一部であるからです。
[Q] しかし、否認している状況というのは、検察官にとっては不利な証拠なのではないですか。
[A] そうです。しかしその場合には、被告人側が請求します。それは、被告人には黙秘権が認められているからです。何も言う必要はありません。取調べ段階でも公判段階でもそれは変わりません。被告人側は、取調べで否認している状況を証拠として出して、「これが被告人側の証拠です。これが被告人側の主張です」と言うのです。
[Q] しかし、それは両刃の剣ではないのでしょうか。時には、否認しているその状況が、陪審に対して悪印象を与えることもあるのではないですか。それは弁護人にとっては問題ではないのですか。黙秘を続けるということは、陪審に対してなにかしら悪い印象を与えるのではないでしょうか。
[A] その点はあなた方とは受けとめ方が異なるのかもしれません。ともあれ、警察に対して何も言わなかったり、否認することは、陪審に対して悪い印象は与えません。
[Q] 被疑者の逮捕後、警察が取調べに使える時間は4時間ほどだと聞いています。弁護人の目から見て、取調べ時間はどの程度ですか。そして、その時間は長すぎるとお考えですか。それとも短すぎるとお考えですか。
[A] 取調べにどのくらいの時間を割けるのかは、逮捕されてから警察署に連行されるまでにかかる時間がどのくらいかによります。逮捕された場所が警察から遠ければ、それだけ取調べにかけられる時間は減ります。取調べ自体はいつでもできます。4時間というのは、逮捕後被疑者の身体を拘束できる期

間です。延長されることもありますが、警察がどれくらいの時間を取調べに費やすかは、事件によって異なります。長時間取調べを行うこともあれば、非常に短時間の取調べもあります。

【Q】　では、逮捕直後から訴追開始決定までの4時間を、まるまる取調べに費やすことは可能ですか。

【A】　可能は可能ですが、そうした例を耳にしたことは一度もありません。

【Q】　では、身体拘束されている間に何回くらい取調べが行われるのですか。

【A】　それも事件によって異なります。非常に疑わしいと警察が考えた場合には、複数回行われます。しかし、通常、取調べは1回です。

5 公設弁護士の視点
――ヒューム氏、クレイギー氏（バリスター）

□日時：2004年11月17日午前
□講師：C．クレイギー氏（写真左）、R．ヒューム氏
Christopher Craigie SC (NSW Public Defenders Chambers) & Robert Hulme SC (Deputy Senior Public Defender)
□概要：両氏とも、NSW州の公設弁護士事務所所属のバリスターである。同事務所は、経済的理由で公判担当バリスターを依頼できない被告人のために、弁護を行うサービスを提供している。そうした立場から、被疑者取調べの録画システムの是非について説明をしてもらった。なお、以下は当日の講演内容とともに、あらかじめ準備された講義録の内容をあわせてまとめたものである（＊C.B.Craigie / R.Hulme, Electronic Recording of Confessions: A Public Defenders' Perspective (Lecture Draft, 18 Nov.2004)）。

■公設弁護士と法律扶助協会

　われわれ2人は、公設勅撰弁護士であり、現在被告人側バリスターをしています。長く法律家の経験があります。企業法務のほかに、検察側バリスターの経験もあります。NSW州には公設弁護士の制度があり、バリスターがその地位に就きます。その役割は、刑事公判における被告人の弁護活動です。現在NSW州には、バリスターが2,000人、ソリシターが17,000人いますが、公設弁護士たるバリスターは23名です。NSW州の公設弁護士は、バリスターのなかでも勅撰バリスター（SC）から選任されています。全員が実務経験の長いベテランです。

　他方、法律扶助協会登録ソリシターは2001～2002年で268名います。彼らが捜査段階からの弁護を引き受けて、公判段階では、われわれに事件を依頼してきます。公設弁護士は、被疑者・被告人からは直接仕事を受けません。被疑者・被告人との直接の接触や事件準備はソリシターが行います。公設弁護士は、公判弁護のみ担当するのです。主に法律扶助協会ソリシターから依頼されます。

われわれの任務は、被告人が重大な犯罪で訴追開始決定された場合の弁護であって、主にディストリクト・コートレベルとなります。NSW州のディストリクト・コート管轄刑事事件のうち80％程度は、公設弁護士が関与しています。州最高裁レベルでも公設弁護士が弁護を担当しますが、殺人事件ではほとんどが公設弁護士の担当といってよいでしょう。このほか、控訴審弁護も担当します。こうして、公設弁護士の主な任務は、以上の３つの裁判所に集中することになります。

■取調べの電磁的記録

　1995年９月１日以後、正式起訴犯罪の公判で自白を証拠とするためには、録音・録画がなされていなければならないとする法改正がなされました。
　いわゆる口頭の自認が、公式の官憲による取調べの際になされた場合、刑事訴訟法281条が定める要件を充足しないかぎり、許容性はないとされたのです。その要件は以下のとおりです。
　自認はテープ録音されていなければならない。また、テープ録音がないことには正当な理由がなければならず、その自認は後に録音を伴う内容確認がなされていなければならない。以上いずれのテープ録音もなされていない場合には合理的な正当化理由が要る。
　なお、この場合は、公式に取調べとしてなされた手続における自認のみが対象となり、被疑事実からは、純粋に簡易処理犯罪であるものは除かれます。
　かかる改正がなされた背景について説明します。被告人には、黙秘権があります。西欧のシステムと共通しています。一般的に、被疑者・被告人は、犯罪を行ったか否かについて警察官の質問に答える必要はありません。被告人の自白は、裁判所で不利に使われる場合任意性が必要です。示唆や強制によって得られたときには証拠能力はありません。
　ところが、公判弁護士としての経験を語ると、1970～80年代にかけて、公判では自白に関する論争がしばしば起きました。一定の悪い評判のある警察隊が扱った事件の多くが自白に頼っていました。彼らが、「被疑者はこう述べた」と主張した内容の自白が証拠とされていたのです。しかも、経験があり、上位階級にある警察官がこうした証言をしたのです。その結果、警察官の証言する「自白」

は信じられると思われていました。

　要するにかつては、多くの公判が自白をめぐる議論で満ちており、その際、警察官が虚偽の証言をしたか否か争点となっていたわけです。しかし、警察官が「私は真実を述べている」と証言しても、録音・録画がないために真相が不明な状態でした。

　この問題は新しいものではありません。19世紀の末にイギリスの裁判官ケイブ卿の出した判決中に、ある有名な言葉があります。要約すると、「被告人は逮捕された直後には自白する気になる。ところが、法廷に行くと被告人は否認する。これはおかしなことだ」というものです。

　警察に対する評判もかなり落ちました。そして1980年代には多くの改正が提案されました。取調べをまずタイプ打ちすることなども提案されました。こうした改正提案に対して、警察は強く反対したのです。こうした不幸な事態に対して、政治家がこれを止めなければならないと判断し、続いて市民も立ち上がりました。

　連邦最高裁も、自白をめぐる危険な状況を認識しました。そのため、陪審に対しては、任意性に争いのある自白による事実認定は慎重になすべきことを説示しなければならないと判断しました。争いのある自白について、陪審は十分な警告を受けなければならないとする判例がこうして確立します。1991年のマッキニ事件（McKinney v. The Queen(1991)171 CLR 468）は、その先鞭をつけた判決でした。マッキニ判決は、自白の内容に争いがあるとき、陪審は相当慎重に判断しなければならない旨、説示することを求めました。同時に、かかる問題の解決上、自白の録音が重要であることを摘示しました。被告人が反証するのは困難であること、警察官は訓練を経た証人であること、証拠を慎重に吟味すべきこと、自白の経緯に関する補強がない自白に基づいて有罪を認定することには危険が伴うこと、です。陪審は、警察が虚偽を述べていると判断する必要はなく、その合理的な可能性があると判断できれば足りる旨も説明されなければならない、とされたのです。

　連邦最高裁判例を踏まえて、NSW州の証拠法は、一定の証拠について信用性に疑義がある旨陪審に注意をすることを裁判官に求めていますが、自白との関連では、上記の趣旨に基づいて、「官憲が行う被告人に対する取調べに対して口頭でした証拠であり、被告人が署名やその他書面による認知をしていない書証に記録されたもの」をここに含めています（Evidence Act 1995, §165）。

ただし現在では、電磁的記録のない自白は証拠にできないのが原則であるため、本条項が問題になる場面はほとんどありません。
　さらに、王立委員会の調査も行われて、警察の不祥事を調査しました。委員会は、警察が自白を得るために威迫をすることもあること、不当な利益誘導をすることなどを明らかにしました。また、たとえば、２人の共犯者を別々の部屋に入れて取調べを行い、一方に対し、「もう１人の共犯者はすべて自白した」と説明する方法をとった例も報告されました。警察のある部門、とくに、常習犯を捜査する部門では、手続をショートカットするために、独立適正な証拠物に代えて、自白をでっち上げることがあったのです。「自白でっち上げ」という表現をします。
　これらの問題が社会の重要な関心事となったため、立法府が改革に乗り出しました。
　警察の腐敗改善について、世論のサポートを得るには時間がかかりました。人々は、犯罪に関する弁護人の説明を信じませんでした。被告人のためにする虚偽の主張、と見られていました。しかし、70年代からさらに80年代になって、もっと多くの弁護人やさらには裁判官までもが、警察の捜査の問題点、ことに自白がおかしいことを指摘し始めました。マスコミがこの問題を取り上げるに至って、善良な人々も関心を共有し、刑事手続のシステムに対する心配を強くし始めました。
　警察は信用できると思っていた人々の間でも、捜査プロセスに監視ビデオを入れることを支持する考えが広まりました。警察の取調べ中の行動について、被告人側が不服を申し立てるのをやめさせることとなる側面もあるからです。犯罪者の虚偽申立を止められることが支持の根拠となりました。

■自白の録画手続の影響

　現在では、自白は記録化されていないかぎり証拠能力が認められません。あるいは、録音・録画しない十分な理由がなければ証拠能力が認められないとされます。理由を示す責任は検察官が負うのです。
　法改正の結果、自白の任意性に関する争いがほとんど消滅してしまいました。自白があったかなかったか、それが自白かどうかに関する論争が消えたのです。今では裁判所は、もっと科学的な問題に巻き込まれています。他方、被疑者取調

ヒューム氏、クレイギー氏との意見交換

べの録画が導入された後も、依然として自白率に変化はなく、また有罪率も下降してはいません。裁判所は、録音・録画がないのに自白を使うことについて疑いを抱くようになっています。

反面で、録画のある自白があることによって、検察官の有罪立証上の負担が軽減されました。自白のビデオがあるので、これを用いて立証ができます。その反訳書もあります。したがって有罪立証は容易なのです。

のみならず、こうした変化が警察の捜査などの運用全般の改善ももたらしました。なによりも、警察活動にビデオが多く導入されるようになりました。たとえば、現在多くの警察署ではハイウエイ・パトロールにも携帯ビデオを配備しています。

犯罪現場でもこうした機器が使用されています。令状執行のときにも録音・録画をしています。写真による面割の状況についてもビデオで録画しておきます。証人が部屋に入ってきて写真を点検して、ある写真を取り上げるようすをテープにとっておくことが証拠保全の点でも便利な方法となりました。

■被疑者取調べの録画と防御活動における利点

有能な弁護士はビデオを詳細に見ます。単に供述を聞くだけではなく、よく検討するのです。

〈被告人が有罪答弁をする場合〉

多くの事件では、被告人は有罪を認めています。ところが、量刑法は複雑です。裁判官は多くの事情を考慮して刑の軽減・加重を決めます。その場合、早い段階で自白があることは、反省の姿勢を示すものとなります。ビデオの存在によって、そうした反省の姿勢を明確に示すことができるのです。
　早い段階で完全な自白をしていることが記録に残っている結果、犯人すなわち被告人が早い段階から後悔をし、犯罪について謝罪の気持ちを持っていたことを示すことができます。これは量刑を軽減させる重要な事情になります。
　また、被告人の状況を示すことにも役立ちます。たとえば、意気消沈しているようすや自らも負傷している状況、そして後悔のようすなどです。被告人が共犯者の情報などを提供するようすを示すこともできるし、同時に、被告人が共犯者を恐れているようすかどうかもビデオを見て理解できます。犯行時の精神的・身体的問題についても、犯行直後に自白した場合であれば、記録された自白を見ることで、より明白に説明することが可能となります。
　被告人について精神科医などが鑑定をする場合には、犯行直後の自白場面を録画で見ることはたいへん役に立ちます。
〈被告人が無罪答弁をする場合〉
　たとえば、DVや殺人などで訴追されているときには、被告人側も、被告人が精神的に落ち込んでいるようすや、興奮している状況、負傷した状況などを示す材料にできます。殺人では、故意が問題になることがあります。主観が問題となるわけですが、そうした主観面の認定をする際にも、犯行直後に取調べのようすを撮影したビデオは意味があります。
　公判では、被告人側が証拠を提出する義務はありません。しかし、防御の内容によっては被告人を証人として喚問する必要が出てきます。その場合であっても、被告人自身が充分な証言に耐えられない場合もあります。あるいは、被告人が争点に関する証言よりも貧弱な印象を与えることもあります。そこで、むしろ、被疑者取調べの段階で、事前に弁護人と打合せをしたうえで、後に防御上主張する内容を裏づける事実を説明しておくことができるとよいのです。そうすれば、公判廷で証人となり反対尋問にさらされることもありません。そして、録画付取調べはその役割を果たすものとなります。ただし、実際には、弁護人は請求がないかぎり取調べに立会しません。また、事前に助言を与えることは実際にはあまりありません。

場合によっては、録画された取調べ時の被告人の姿態が重要な意味を持つこともあります。被告人が精神障害などを主張する場合にはとくに重要です。精神科医は録画された取調べ状況を素材にして、被告人の言動から精神状態についての判断を得ることができます。

■取調べ録画手続の効果

　かつての公判は、長期化し費用がかかるという問題を抱えていました。そのため、法システムが損なわれ、正義に反する結果を生んできました。自白の電磁的記録は、概ねこれを解決する手段となりました。

　有罪の者が録音記録のない自白に対して不服を申し立てて無用の争点を持ち出すことも、公判長期化と費用高額化の理由の1つです。警察側が、正義のために腐敗を許す感覚で行動し、適切な証拠はないが有罪と信ずる者を有罪に持ち込む唯一の手段と判断して、虚偽の証言をすることも理由の1つでした。

　しかし、こうした傾向は、公正な司法システムに対する脅威でした。警察官の間で不正な運用を固定化するものでもありました。幸い、自白を記録する装置の利用可能性が高まり、DNA鑑定や監視装置など他の技術もいっそう利用されるようになりました。これらが悪賢い犯罪者も腐敗警察官をも打ち負かしたのです。

　自白を争点にして警察に批判を向けて陪審の注意をそらすことにより、充分な証拠がある事件で検察側が負けてしまう事態は、ほとんど見なくなっています。それに代えて、心から自白をした者が、録音されたテープを検討した弁護人から適切な助言を受けて、有罪の答弁をする事例が多くなっています。

■真相解明と取調べ録画

[Q]　日本政府は、「取調室にビデオがあると被疑者は自白しない」、「真実がわからなくなるので強く反対する」と述べていますが、すでに長年にわたり取調べの録画を経験した立場から見て、この主張はどう思われますか。

[A]　ここでもそうした懸念はありました。しかし、録音・録画のもとで被疑者が話すことに同意する事件が多いです。統計はわかりませんが、ビデオ取調べに同意するとか、記録機器を止めることに関心を払わない場合が多い。取

調べの記録化は、より信頼できる自白が確保できるというのが私の答えです。むろん、取調べのあり方に対して攻撃されることはあります。しかし、記録があるので攻撃にも反撃ができます。

【Q】 自白率は下がっていませんか。

【A】 下がってはいません。同じです。この点は、イギリスと同じ状態です。録画システムの導入に伴う自白率の下降はありません。有罪率も下降していません。むしろ、証拠が自白しかないときには、今のほうが有罪にしやすくなっています。自白が録画されているからです。

【Q】 主観的要件の立証に困難を生じませんか。

【A】 経験上、故意とは状況証拠から推認できるものです。状況証拠によって結論が出ます。たとえば、建築許可を得るために、許可権限を持つ公務員と秘密に会って金銭を渡そうとします。そうした状況から金銭供与の意図は明らかになる。むろん、状況がはっきりしていないときには取調べをすることとなります。まず、自白が重要となります。金銭が支払われた事実があるとすれば、後は取調べの技術次第です。捜査官が自白を得られるかどうか、金銭供与の意図が何かを引き出すのは、技術や経験そして捜査技術に依存することとなるのではないでしょうか。

　こうした場合にも、傍受がなされていれば、もっとよい証拠となります。最近、電子傍受をした例があります。家での妻と被疑者の会話を録音したところ、被疑者が公務員に金銭を渡した理由を話していた例があります。

■捜査手法と取調べ録画

【Q】 捜査の方法に変化は見られましたか。証拠の内容に変化はありましたか。科学証拠が増えたり、あるいは捜査技術が変化したと感じますか。

【A】 警察は、以前よりも適切に捜査することに関心を持つようになっています。さまざまな技術を使って主張の裏づけをするようになっています。

　過去には、腐敗警察官は、たとえば薬物事件で被疑者がいると、ともかく逮捕して自白をでっち上げることに捜査の力点を置いていたといえます。しかし、今は、適切な捜査をする。電話傍受、家の監視などに数ヶ月をかけて、適切な証拠の提出をしています。事件に関する証拠の内容は広がったといえ

るでしょう。さまざまな側面から事件を見るようになっています。現在では警察は自白に頼っていません。取調べ技術も改善されてきています。警察官は、時間をかけて取調べのより優れた方法を採用しました。

[Q] NSW州では逮捕後に取調べのできる時間は4時間と定められていますが、十分ですか。

[A] 経験からいって、警察が許される時間の長さがどのくらいかということは、ほとんど大きな問題ではありません。というのも、「4時間」はマジストレイトに申請して延長できるからです。また時間のカウントを止めることもあります。メールを出しているとか、医者にかかっているなどの正当な理由がある場合には、時計を止めて4時間にはカウントされないことになっています。だから取調べだけでみれば、通常は4時間あれば十分です。一般的にマジストレイトは延長の申請を認めます。したがって十分であると考えます。もっとも自分たちのここ6、7年の経験の間には、取調べ時間延長が申請された事件には出会っていません。

[Q] 取調べ自体に変化は生じましたか。

[A] 取調べについては、かつては録音・録画がなかったので、捜査官が自らタイプ打ちをしていました。今は、記録されて、すぐに反訳書が作られます。そのため、警察官にとっては、取調べにおいて被疑者に対して何を述べるかについて注意が必要となります。現在、捜査官は何をどう聞くかをよく考えて取調べをするようになりました。

　過去のタイプ打ちされた記録を見ると、3時間も取調べをしたのに調書が3頁しかなかったといったこともありました。しかし今では、録音の反訳書がすぐに入手できます。その量も、20分の取調べで50頁になることもあります。

　よい警察官は、より優れた取調べ技術を持つようになりました。そして、自白を迫るだけではなく、取調べで物証を含む証拠を示して、そのときの被疑者の言動も記録させています。取調べが記録化されると、被疑者に証拠を示した時の反応をあとで見ることができるのです。

　もちろん被疑者は否認することもあります。言葉の記録を読めば否認していることはわかりますが、ビデオには被疑者の困っているようす、言動が撮影されています。例を挙げると、子どもに対する性的暴行事件の被疑者の取

調べの際に、警察官によるそれとない質問に対する答えが、書面上では「覚えていない」となる場合でも、ビデオに映っている表情を見ると、ボーっとした顔をして、知らん顔をしていましたが、それはYesと言っているのと同じ表情だったこともありました。

[Q]　被疑者取調べであってビデオ録画をしないケースはどれくらいありますか。

[A]　ビデオ録画でなくても、録音だけすることもできます。ただ、警察がそのための機器を一切持ち合わせていないときがあります。たとえば、警察官が急に犯罪の現場へ臨場するように指示された場合です。あるいは、上級警察官が直接取調べにあたることとなり、かえって装置を所持していないこともあります。また、犯行現場では自白したが、警察署へ連行して正式に取調べをして自白を確認しようとすると、被疑者が拒むことはあります。

　こうした事情は合理的な理由となるので、録音・録画のない供述に証拠能力を認めることが可能となります。認めるか否かの判断は裁判官に委ねられるのです。こうした警察官の主張を信じるかどうかということです。ただ思うに、ある時点では自白し、その後は何も言わないというのは、考え難いことです。もっとも、これは一例であって滅多に起きることではありません。というのも、今では小型の記録機器を警察官が携帯しているからです。

III　可視化の具体例——シドニー事件

S氏が公判前および公判中に勾留されていた「パークリー刑務所」の標識

シドニー事件と取調べの録画・録音

正木幸博

はじめに──いわゆる「シドニー事件」について

　ここでは、私が関わることになったあるオーストラリアの刑事事件について、可視化の具体例として紹介する。

　事案は、2002年7月にタイのバンコクからタイ航空の便でオーストラリア・シドニー空港に到着した日本人男性の所持品（日本酒の一升瓶）から覚せい剤が発見されたというものである。この事件を以下、「シドニー事件」と呼ぶことにする。

　オーストラリアは連邦制の国であり、刑事法は連邦法と州法に分かれているが、シドニー事件で被告人が起訴（indict）された薬物密輸入罪（Prohibition of importing, possessing imported narcotics or conveying imported narcotic drugs）は、連邦法（Customs Act 1901）によって犯罪とされる類型（Section 233B(1)(b)）であり、連邦法が適用される（ただし、現実には連邦裁判所固有の建物や職員が存在するわけではないので、州の裁判所において連邦法を適用して裁判が行われる。したがって、以下の記述は、連邦法に基づくものである）。

　シドニー事件の場合は、シドニーの中心街にあるNSW州地方裁判所において約2週間にわたり陪審裁判（trial）が行われ、最終的に、陪審員による無罪の判断(評決)が下されて決着した。

　本件発生に至る一連の経緯・捜査の経過は以下のとおりである。

　被告人S氏は、タイのバンコクに滞在して数年になる日本人であるが、事件発生の約10日前、同じくタイ在住のある知人（日本人男性）から、「旅費・滞在費とアルバイト代を払うから、2泊3日の予定でオーストラリアに出稼ぎに出ているタイ人数名に面接して彼らの生活状況を調べて来てもらえないか」と依頼された。

　S氏は、当時、観光ビザのまま長期間タイに滞在しており、タイのビザを更新するため、いずれにせよ1ヶ月に1回タイ国外に出る必要があったことから、ちょうどよい機会だと考え、依頼を了承した。出発の前日、上記知人から、出発当日

の午後に旅行代理店の担当者とバンコク市内のホテルで会うように指示された。出発の当日、実際にバンコク市内のホテルでS氏に会い、「お土産として日本酒を持って行ってほしい」と言って一升瓶を渡したのは、東京の旅行代理店の店長（マネージャー）の名刺を持っていたタイ人女性だった（S氏は初対面）。

シドニーの法律扶助協会での打合せのメンバー

　S氏は一升瓶を持ってバンコクの空港から飛行機に乗り込み、翌朝、シドニー空港に到着したが、アルコールの持ち込みであることから税関に申告した。その際、税関職員が一升瓶の口のあたりを簡易検査器で調べると、薬物反応が出た。そのため、S氏は、別室に通され、税関職員から質問を受けることとなった。

　その質問が続いている間に、一升瓶に対しより精密な検査がなされた。その結果、一升瓶に入っている液体は酒ではなく、覚せい剤の溶液であることが明らかとなった。そこで、S氏は、オーストラリア連邦警察の捜査官から薬物輸入罪の嫌疑で取調べを受けることとなったのである。

　ところで、私は、本件が発生する以前から本件と類似の事件である、いわゆる「メルボルン事件」の弁護団に参加している。これは、1992年に日本人男女5名がオーストラリア・メルボルン空港で麻薬密輸入罪で逮捕され、有罪判決を受けて、当時オーストラリアで収監中であったが、冤罪であると主張している事件である。2002年11月は、この収監中だった5名のうち4名が仮釈放でわが国に強制送還され、そのようすがマスコミで大きく取り上げられた。この報道を見たS氏の家族が援助を求めてメルボルン事件弁護団に連絡をとって来たことから、弁護団のメンバーのうち私を含め3名（他に、山下潔弁護団長、湯原裕子弁護士）が本件に関わることとなったのである。

　その時点でS氏にはすでに法律扶助協会の弁護人（わが国の国選弁護人に相当する）がついていたことから、私は、Eメールを利用して弁護人と連絡をとった。S氏の無罪を立証するのに役立つであろう集められるだけの資料を集めてシドニーの法律扶助協会事務所を訪問したのは、公判の始まる10日ほど前だった。

　この訪問の際、法律扶助協会の弁護人から受け取って持ち帰ったのが、「シド

ニー事件取調べ録画ビデオ」である。

　なお、事前にお断りしておくと、シドニー事件では、まだ現在のように机の端に設置する方式の録画・録音装置は用いられておらず、部屋の隅から取調べのようす全体を撮影するようなカメラアングルになっている。また、本書付属DVD映像の原資料はビデオテープであるが、私が入手するまでにダビングが繰り返されているため、音声に「キーン」という雑音が混ざり、極めて聞き取りにくくなっている。そこで、まず、音声がきれいに入っているカセットテープを利用して人名等の部分を処理し、次にビデオテープ中のS氏と通訳人の顔が映っている部分を処理し、その後、両者を合体させた。そのため、音声と画像とが微妙にずれる場合がある点、およびカセットテープを入れ替えるための休憩時間の間の音声は無音となっている点、ご了承いただきたい。ビデオテープには休憩時間も含め録音されているが、上記の次第でこのように処理させていただいた。

実際の取調べの録画・録音に接した感想

　私は、上記のメルボルン事件についても取調べの録画・録音テープに接していたが、今回、このシドニー事件の録画・録音に接して、あらためて次のような感想を持った。

　その第1は、捜査官と被疑者との間でなされる会話がきわめて穏和であることである。警察官による被疑者の取調べというと、わが国では、厳しく被疑者を追及する（時には大声を出したり、机を叩いたりして）というイメージが強い。しかし、オーストラリアでの被疑者取調べのようすは、まったくそれとは異なる。英語では取調べのことを"インタビュー（interview）"というが、可視化の下での取調べは、まさにわが国でいう「インタビュー」（街頭でテレビのレポーターがやっているような）と同じような雰囲気の会話なのである。このことは、生の事件の資料である付属DVDを見ていただければすぐにわかることである。

　そして、オーストラリアの取調べテープを聞くたびに私が感じるのは、このような"被疑者取調べ"では、捜査官は被疑者の自白を無理に獲得することは決してできないであろうということである。なぜなら、実際に取調べのようすを聞いてみればわかるように、捜査官の発言には何ら威圧的な言辞がないことはもちろん、被疑者に対して不利益な事実を認めさせようとする強制的な要素は、捜査官の発

言や態度の中にまったく見出すことができないからである。

　むしろ、可視化の下では自白の獲得を被疑者取調べの（事実上の）目的とすることすらできない、というのが適切な表現であると思われる。なぜなら、取調べが録画・録音されている以上、公判でそれを再生すれば強制による自白であることがすぐに明らかになり、証拠能力が否定されてしまうであろうことから、無理な追及は不可能になるからである。

　しかし、それにもかかわらず、オーストラリアにおいては、捜査が可視化される前と可視化された後とでは、自白率は変わらないといわれている（本書Ⅱ参照）。すなわち、捜査官による何ら威圧的取調べがなくても、被疑者が自白することは大いにあるのである。

　つまり、被疑者が自白するのは、むしろ被疑者自身が不利益な事実を認めたいという場合になる。被疑者自身が事実（罪）を認めたいと思う理由はさまざまであろう。その中には、それこそ「罪を認めて楽になりたい」という気持ちもあるかもしれない。しかし、だからといって捜査官が「さっさと認めたらどうだ。そうすれば楽になるぞ」などと言うことは決してない。

　このように考えてくると、可視化の下での被疑者取調べは何を目的として行われるのかという疑問が湧いてくる。名実ともに"自白の獲得"を目的とすることはできなくなるのであるから、考えられるのは、捜査機関がそれまで知り得た事実からしてなお理解できない部分を尋ねるとか、物的証拠と物的証拠をつなぐ説明で不明な部分を解明する、あるいは、そのヒントを被疑者の発言の中に探る、ということに尽きるのではないかということである。いずれにせよ、可視化の下での被疑者取調べの意味は、わが国の現状とは大きく異なることにならざるをえないと考える。

　第2に、実際に録画・録音を再生して気がつくのは、たとえば、取調中の現在時刻を何度も確認したり、休憩時間などの録画・録音されていない時間帯には一切会話をしていないことの確認等、当該録音・録画が手続的に適正になされたことの確認が繰り返しなされていることに気づく。黙秘権の告知も同様である。（反訳文の下線部参照）。

　これは、このような確認が録画・録音されたテープに証拠能力を付与するために不可欠とされるからであろうが、それにしてもきわめて厳格に履践されていることに、驚かされるのである。

なお、念のために附言すると、オーストラリアではわが国におけるような、捜査機関が被疑者の供述を要約して流れのよい一続きの文書にした「調書」というようなものは存在しない。存在するのは、録画されたビデオテープ・録音されたカセットテープと、音声をそのままテープ起しした反訳文だけである。

しかも、その反訳文自体は証拠ではないとされる。すなわち、反訳文それ自体が証拠として陪審員に示されることはないのである。これは、取調べの録画・録音がなされることの必然的な帰結といってよいであろうが、シドニー事件との関係で次項であらためて触れる。

取調べ録画の公判での再生について

では、録画されたビデオはどのような場合に、実際の公判で証拠として用いられるのであろうか。

もちろん、たとえば被告人が権利の告知を受けていなかったという反論をした場合であれば、ビデオを再生して権利の告知があったかどうかを確認することになる。ただし、オーストラリアでは取調べの録画・録音がなされることは当然のこととなっているから、普通は権利の告知の有無が争いになるようなことはない。

では、どのような場合にビデオが再生されるのかというと、検察官が被告人の捜査段階での取調べで自白した事実・内容を証明しようとする場合や、被告人の供述内容を再度確認する必要がある場合である。

シドニー事件でも取調べの録画ビデオが実際に公判において再生されたが、それに至った経緯は次のとおりである。

S氏が所持していた一升瓶の中に覚せい剤の溶液が入っていたこと、すなわち薬物密輸入罪の客観面に関しては本件では争いがなかった。したがって、争点は、S氏に故意が認められるか否かのみであった。

S氏は自白をしていないから、検察官としては、S氏の故意は、状況証拠（間接事実）の積み上げにより立証することになる。

この点、検察官は、すでに、S氏がカンボジアやマレーシアなど薬物汚染で悪名高い国々とタイの間で多数回出入国を繰り返していたことを示す夥しい数の出入国スタンプが押されたS氏のパスポートのコピーや、S氏がアルバイトとして面接することになっていたタイ人のリストに書かれた人物につきオーストラリア

への出入国記録が一切存在しない旨の入国管理局の回答書等を用意していた。

これらは、いずれもS氏が麻薬の運び屋として生活している事実を推認させる間接証拠であり、ひいては今回一升瓶に麻薬が入っていることをS氏が知っていたことをも推認させるものであった。

他方、捜査段階の取調べにおいて、S氏は、上述のように、オーストラリアに来た目的をアルバイトとビザ更新のためであると説明していた。さらに、タイでの生活状況に関しては、自分自身は無職だが親から相続した金と友人からの仕送りによって生活していると説明していた。

検察官は、このような説明はとても信じられるものではなく、このような説明しかできないということは、S氏は実際には麻薬の運び屋として生活の糧を得ており、今回も運び屋として覚せい剤と知って運んでいたのだが、それをごまかそうとしているに違いない、本当はS氏は一升瓶の中に覚せい剤が入っていることに気づいていたと考えた。そして、捜査段階でS氏が上述のような説明をしていたことを陪審員が聞けば、陪審員も自分と同じ結論に至るだろうと考えた（この点は、陪審員を退席させたうえでの裁判官と検察官の会話内容に現れている）。そこで、検察官は取調べビデオを公判において再生することを求めたのである（公判4日目の午前）。

これに対し、法律扶助協会の弁護人は、取調べの際の通訳にミスがある（この点は録音テープを受け取った後に私が確認し、公判初日に法律扶助協会の弁護士に伝えていた）という理由で証拠申出に反論したが、最終的には、取調べの際の通訳人が事前にビデオテープをもう一度確認し、ビデオテープの再生後直ちに通訳ミスを訂正するという条件で証拠採用され、陪審員に見せるため法廷で再生されることとなった（なお、検察官と弁護人の間でこの点に関する事前の打合せがなされており、検察官はすでに通訳人にチェックを始めさせていたから、実際に録画ビデオを再生したのは公判4日目の午後であり、通訳人が訂正するために証言台に立ったのは公判5日目の午前であった）。

ちなみに、連邦法の下では、取調べを録画・録音した場合は7日以内に被疑者あるいは弁護人に写しを交付しなければならず、反訳文を作成した場合は反訳文ができてから7日以内に同様に交付しなければならないとされている（Crimes Act 1914 - Sect 23v (2)）。

私は、この制度によって法律扶助協会の弁護人が入手したテープと反訳文を、

公判2週間前の訪問時に借り受けた。そして、別件のメルボルン事件においては通訳人の誤訳が大変重大な問題となっていたことから、念のため本件でも通訳ミスがないかをチェックしたところ、やはりミスが見つかったので、法律扶助協会の弁護人にその旨を連絡していたのだった。

ところで、取調べビデオの再生にあたって裁判官が反訳文とビデオとの関係につき陪審員に行った説明は、証拠としてのビデオテープの重要性を陪審員に伝えるものとしてたいへん興味深いので、以下に引用する。

「（反訳文が陪審員に配付される）

皆さん、その反訳文は証拠ではありません。皆さん自身の目で見、耳で聞くことこそが証拠です。しかし、2つの意味で役立つと思います。

1つは、どこまで進んだかがわかりやすいということです。

2番目に、陪審員室に戻ってからのことですが、2時間のビデオを見ていて特定の発見があったとしても、23〜24ページを繰るほうが簡単だということです。

このように、皆さんにとって2つの利点があります。しかし、英語に関するかぎり、発言内容どおりに聞こえないかもしれないので、皆さんは注意深く耳を傾けてください。皆さん自身の目と耳こそが、何が発言され、何が行われたかの真の判定者なのですから」。

翻訳の訂正と無罪評決の理由について

ところで、通訳人が反訳文について訂正した部分は数ヶ所に及ぶが、そのうち最も重要なのは、S氏に日本酒の一升瓶を渡した人物が男性か女性かである。

この点、S氏は、取調べ時点でも、刑務所で接見したわれわれ日本人弁護士に対しても、その人物が女性であることを当然の前提として話していた。しかし、取調べ段階における通訳では、S氏に一升瓶を渡した人物を代名詞で受ける場合、通訳人は、場面によって彼（he）と言ったり、彼女（she）と言ったり、彼ら（they）や、人（person）と言ったり、さまざまであった。その時点では、その人物が男性か女性かが重要な意味を持つとは誰も思いもよらなかったのであり、通訳人も深く考えずに訳していたのであろう。

ところが、彼女がS氏に渡した名刺には日本の旅行代理店の住所が書いてあり、現地調査した結果、名刺に記載されている人物は男性であることが判明していた。

すなわち、一升瓶をＳ氏に手渡した人物は、まったく別人の名刺をＳ氏に示すことによって、旅行代理店の人間であると偽ってＳ氏を信頼させようとしたのである。これは、Ｓ氏も騙されていたことを示す事実であり、Ｓ氏が一升瓶の中の液体が覚せい剤の溶液であることを知らなかったことを推認させる重要な事実である。

写真中央の６階建てのビルがNSW州地方裁判所刑事法廷の建物（政府が買い取る前はデパートだった）

そこで、上に触れたように、捜査段階での通訳ミスを訂正してもらうよう、法律扶助協会の弁護人に伝えたのである。

その後の被告人質問では、Ｓ氏は、検察官から「あなたはその人物が女性であることにして、作り話をしているのではありませんか」と厳しく追及されている。が、Ｓ氏は、明確に「そんなことはありません」と答えて検察官の追及をかわした。

このように、捜査段階で通訳ミスがあった事実は、取調べが録画・録音されているからこそ後に確認できるのであって、およそ録画・録音されていなければそのような確認は一切不可能である。この意味でも、捜査の可視化は重要な役割を果たしている。

ところで、シドニー事件において陪審員はなぜＳ氏を無罪と判断したのであろうか。

陪審員は評決に際して結論を述べるだけであり、評決の理由を記載した書面は作成されないため、正確なことは不明である。

そこで、あくまで想像する以外にないが、たとえば、Ｓ氏に一升瓶を手渡した人物が別人を装おうとしていた事実や、Ｓ氏の説明のうち、Ｓ氏が両親から遺産を相続したこと、および友人から毎月仕送りを受けていたこと等を示す証拠（日本にあった預金通帳や送金記録）を提出できたこと、さらには公判期間の真っ最中ではあったが、シドニーにあるタイ王国領事館の職員とかけあって、長期滞在するためには職業ビザがないかぎり１ヶ月ごとにビザを更新しなければならないこと、そのためタイ在住の多くの外国人が日帰りでカンボジア等の近隣諸国にいったん出て行き、ビザを更新していることの陳述を得ることができたこと等が、

シドニー事件と取調べの録画・録音 | 103

大いに役立ったと思われる。Ｓ氏の弁解が本当であることが証明できたからである。

被疑者が取調べを拒否した場合について

　さて、シドニー事件は被疑者が素直に取調べに応じた場合だったが、もし被疑者が取調べを拒否した場合は録画・録音はどうなるのだろうか。
　さらなる別件であるが、日本人が被疑者となったことから私が関わった事件で、「弁護士と相談するまで取調べには応じられない」と述べて取調べを拒否した事件がある。
　この事件でも、捜査官が取調室に入室した時点で録画・録音が開始され、人定のための質問、嫌疑の説明、権利の告知等は録画・録音されている。
　ところが、この件では、被疑者には知り合いの現地弁護士がいたことから、権利の告知の中で弁護人を頼む権利があることを告げられた際、その弁護士と話をするまでは取調べに応じたくないと被疑者は述べたのである。
　すると、捜査官は、その時点の時間を確認したうえで、「それでは取調べをやめます」と言ってテープを止めている。
　すなわち、被疑者が取調べに応じない場合でも、まったく録画・録音されないのではなく、取調べを拒む過程は録画・録音されて記録として残るし、被疑者本人あるいは弁護人に録画・録音テープやその反訳文は交付されるのである。
　なお、仮に録画・録音を止めた後に捜査官が被疑者の自白を得たとしても、原則として意味はない。なぜなら、録画・録音が合理的に見て実際に可能であるかぎり、録画・録音せずに得られた自白の証拠能力は認められないからである（Crimes Act 1914 - Sect 23v (1)(5)(7)）。

おわりに

　シドニー事件では、録画の再生が法廷でなされたが、それを要求した検察官の意図に反して、被告人の弁解の信用性が認められ、被告人は無罪の評決を勝ち取ることができた。
　別件のメルボルン事件に関しては、現在弁護団において、わが国の再審に相当

する手続としての恩赦の申立手続、および国連規約人権委員会への個人通報手続を行っているが、いずれの手続においても捜査・公判段階の通訳ミスが原因で被告人らの弁解が理解されなかったという主張が核をなしている。

　このような主張ができるのも、取調べが録画・録音されていたからであり、録画・録音がなければおよそ冤罪の主張が不可能な場合である。

　録画・録音が取調手続の適正を担保するものであることからすれば、通訳ミスが問題となりうる場面でなくとも、一般に取調べの可視化を実施しておくことが不可欠であることは、明らかである。

　以上のような具体的事件での録画・録音状況の説明を通じて、可視化の運用の実際やその有意義性について、あらためて理解を深めていただければ幸いである。

シドニー事件の取調べ
オーストラリア連邦警察（AFP：Australian Federal Police）取調べ記録より

〈解説〉
　これは、薬物密輸被疑事件について、2002年7月1日、ニューサウスウェルズ州・シドニー・キングスフォード・スミス空港内オーストラリア連邦警察署において、連邦警察官ジョシュア・カスバートソンおよび同アレクシー・トームと被疑者S氏の間で行われた取調べのテープ記録の反訳である。
　本資料は、英語音声部分の日本語訳であり、ビデオ音声の通訳人の日本語とは異なる。通訳人の日本語部分の反訳ではなく英語部分の翻訳を資料としたのは、実際の裁判で証拠として用いられたのは、英語の音声により表現されている部分であることを考慮に入れたためである。プライバシー保護のため、氏名等の個人を特定するに足る部分は伏せてある。
　なお、下線部分は、事件の内容そのもの以外の、録画・録音の手続的適正に関わると考えられる部分である。
　付属DVD「シドニー事件取調べ録画ビデオ」は、前述したように、ビデオテープより画像処理をして製作されたものである。

****

在室者：連邦捜査官　ジョシュア・カスバートソン　Joshua Cuthbertson
　　　　連邦捜査官　アレクシー・トーム　Alexi Tohme
　　　　Mさん（著者注：日本人通訳人の氏名）
　　　　S氏　（著者注：被告人の氏名。仮名とする）
開始時間：午後12時11分

カスバートソン：2002年7月1日、シドニー・キングスフォード・スミス空港内のオーストラリア連邦警察署の取調室1で、連邦捜査官ジョシュア・カスバートソンとSの間で行われた取調べのテープ録音です。在室者は私、連邦捜査官ジョシュア・カスバートソン、登録番号11242、連邦捜査官アレクシー・トーム、それにSさん──発音は、○○ですか、△△ですか？
通訳人：○○です。
カスバートソン：そして通訳人は、Mさん、はい。声を特定するため、この部屋の皆さんにそれぞれ自分の名前を言っていただくようお願いします。先程言いましたが、私の名前はジョシュア・カスバートソンです。連邦捜査官、どうぞ。

106　　III　可視化の具体例──シドニー事件

トーム：連邦捜査官のアレクシー・トームです。登録番号は、10077です。

S：Sです。

通訳人：私の名前は、Mです。通訳人です。

カスバートソン：Mさん、テープに記録するため、綴りを言ってもらえますか。

通訳人：私の名前は、M。M。○。○。○。K。○。○。○です。（著者注：アルファベットを述べる）

カスバートソン：ありがとう。

問1　Sさん、只今の時刻が午後12時11分ということに同意しますか。

答　通訳人（被疑者に代わって答えて）：はい。

問2　結構です。それでは、テープに記録するため尋ねるのですが、Mさん、あなたは実際のところ現時点で何語を話しているか、特定してもらえますか。

答　通訳人：私は、日本語と英語の通訳です。

問3　結構です。連邦捜査官のトームと私は、以下の被疑事実について質問を行おうとしています。それは、Sさん、あなたが2002年7月1日、ニューサウスウェルズ州において、麻薬の疑いがある輸入禁制品をオーストラリアに……（警告音）……輸入した。

答　……（不明瞭）……。
音声テープに今ピーっという音が入ったと思いますが、それは、テープデッキのテープ1が止まったからです。取調べが続行できるよう、テープ2と3が動いていることを確認するところです。

トーム：それに、ビデオテープは動いていますよ。

カスバートソン：ビデオテープも動いています。大丈夫です。

問4　もう1度被疑事実を繰り返します。連邦捜査官のトームと私は、以下の被疑事実について質問を行おうとしています。それは、Sさん、あなたが2002年7月1日、ニューサウスウェルズ州において、麻薬の疑いがある輸入禁制品をオーストラリアに輸入した、というものです。Sさん、私の言った被疑事実がはっきりとわかりますか。

答　はい、わかります。ただ、……。

問5　はい、現時点で聞きたいのはそれだけです。つまり、彼が理解したということだけです。Sさん、この件に関連してさらに質問を続けるつもりですが、そうする前に注意しておかなければなりません。あなたの言うことやすることは何であれ、すべて記録され証拠として使われるかもしれませんから、あなたは何も言ったりしたりする必要はありません。私が今言った注意がはっきりとわかりますか。

答　S：わかります。

問6　わかりましたね、結構です。以下に述べるような権利を伝えておかなければなりません。あなたの居場所を知らせるために、友人や親戚の人に連絡したり、連絡

	を取ろうとすることはできます。わかりますか。
答	わかります。
問7	もう少し大きな声で話せますか。はい。あなたは友だちや親戚の人に連絡をとりたいですか。
答	いいえ、その必要はありません。
問8	あなたは、あなたが選ぶ弁護士に連絡したり、連絡をとろうとすることができるし、また、取調中にあなたの選ぶ弁護士の立会を求めたり、求めようとしたりすることができます。わかりますか。
答	いいえ、立会を求めようとは……。
問9	何ですって？
答	弁護士の立会を要求しようとは思いません。……(不明瞭)……。
問10	では、もう1度聞きます。弁護士と連絡をとりたいと思いますか。
答	今のところわかりません……(不明瞭)……
問11	結構です。この取調べの間に弁護士に連絡をとりたくなったら、いつでも言ってください。すると、取調べをやめて、あなたが弁護士に連絡がとれるようにします。
答	わかりました。
問12	あなたはオーストラリア国民ですか。
答	いいえ。
問13	あなたは、どこの国の国民ですか。
答	日本です。
問14	結構です。あなたは日本国民ですから、日本領事館に連絡をとったり、とろうとすることができます。わかりますか。
答	はい、質問の意味はわかります。
問15	結構です。
答	でも、そうしなければならないものかどうか……。
問16	わかりました。今言っているように、もしあなたが、もう一度言いますが、もしあなたが、われわれにこの取調べを止めてほしい、領事館に連絡したいと思えば、そのようにすることもできますよ、あなたの希望どおりに。
答	わかりました。
問17	それで、今、日本領事館に連絡をとりたいですか。
答	いいえ、今のところは。
問18	Sさん、生年月日は？
答	19××年××月××日です。
問19	誰か捜査官、われわれのような警察官が、この48時間以内にあなたに話しかけたことがありますか。
答	これまでに私が会った人のことですか。

問20	警察官とか、税関職員とか。
答	さっき会ったばかりの人は税関の人だと思います。
問21	そのとおりです。あなたがさっき話していたのは税関職員、そのとおりです。では、最近アルコール、麻薬、薬品を使用しましたか。
答	私自身のことですか。
問22	そうです。
答	飛行中に機内でお酒を飲みました。
問23	はい。しかし今は酔っぱらったりしていますか。酩酊していますか。
答	12時間以上前に、アルコールを飲んだと思います。
問24	はい。この12時間はアルコールを飲まなかったということですね。
答	そのとおりです。
問25	結構です。今、気分が悪いといったことはありませんか。
答	ありません。
問26	結構です。この取調べに先立って、私は、あなたに、本件に関する質問をしますと言いましたが、それに同意しますか。
答	いいえ。
問27	あなたは同意しないのですか。(通訳人に)この取調べを始める前に私が彼に言ったこと、さっき取調べを始める前に、あなたを通じてこれから本件について質問しますと私が彼に伝えたということに、彼は同意しないのですか。私は彼には何も質問していないし、彼には、これからいくつか質問すると伝えただけですよ。
答	はい、そのとおりです。
問28	(Ｓ氏に)この取調べを始める前に、私の質問も私の質問に対するあなたの答えも、この部屋で取調べが行われている間、ビデオテープやオーディオテープに記録されるということについて、あなたは同意しますか。
答	はい。
問29	この取調べを始める前に、私は、この取調べ全部のテープの完全なコピーをあなたは受け取りますと言いましたが、あなたはそのことに同意しますか。
答	はい。
問30	この取調べを始める前に、私はこの取調べをビデオ録画しますとあなたに伝えましたが、そのことに同意しますか。
答	はい。
問31	結構です。この取調べを始める前に、あなたがもしこのビデオを見ることを希望するなら、その手配をしますとあなたに伝えたことに同意しますか。
答	はい。
問32	この取調べを始める前に、このテープの反訳ができた場合には、作成されてから7日間以内にあなたに渡されますと私は言いましたが、そのことにあなたは同意

	しますか。
答	はい。
問33	Sさん、フルネームを言っていただけますか。
答	日本式にですか、英語式にですか。
問34	英語式でお願いします。
答	T・Sです。
問35	はい。通称はありませんか。
答	ありません。
問36	はい。あなたの日本での住所は。
答	通訳人：英語式にですか。
問37	できれば。
答	……（不明瞭）……1302の……。
問38	書いてもらえるならそのほうがいいんですが。
答	1302、○○町……（不明瞭）……△△県……（不明瞭）……。
問39	はい。それを英語式に訳せますか、それとも英語式ですか。
答	通訳人：そうです。
問40	英語式ですね。はい。結構です。

カスバートソン：そのスペルが必要ですか。

答	通訳人：いえ、大丈夫です。

カスバートソン：

問41	あなたの出生地は。
答	……（不明瞭）△△県です。

カスバートソン：

問42	△△……あぁ、△△県ですね。あなたの現住所が△△県なのですね。そこには独りで住んでいるのですか、それとも家族と一緒に住んでいるのですか。その住所にはどれくらいの期間住んでいるのですか。
答	この住所には住んでいません。
問43	……はい……。
答	私の家族は全員亡くなりました。それで私の家は、実は、買ってもらったんです。親戚、いとこの1人……。
問44	……はい……。
答	……の会社に。……それで自分のものではないんです。私はもう、その家を所有していません。
問45	つまり、あなたはその家にはもう住んでいないのですね。
答	これは市役所に届けてある住所なんです。
問46	どこに――旅行していないときは、どこに住んでいるのですか。

答		以前はそこに住んでいました。
問47		……はい……。
答		日本にいたときは、1年か1年半ほどそこにいました……（不明瞭）……。
問48		はい……そうですか。あなたの現在の職業は。
答		無職です。
問49		無職ね。無職になってどれくらいですか。
答		5年です。
問50		では、あなたの収入源は何ですか？
答		両親が死んだとき、私にお金を残してくれました。
問51		相続。両親からお金を相続した、ということですか。
答		はい、……（不明瞭）……。
問52		何か他に収入源はありますか。
答		いえ、ありません。
問53		あなたは結婚していますか。
答		離婚しました。
問54		配偶者の名前は何でしたか。
答		私は2度結婚したんですが。
問55		では、両方の配偶者の名前を言ってくれますか……失礼、最近の方の。
答		忘れてしまいました。
問56		離婚してどれくらいになりますか。
答		R。彼女の名前はRです。旧姓はということですか……？
問57		はい、旧姓は？
答		思い出せません。
問58		結構です。離婚して何年になりますか。
答		2番目の妻とのことですか。
問59		はい、2番目の奥さんとは？
答		100％確かというのではないけれど、約7年くらいです。
問60		結構です。子どもはいますか。
答		最初の結婚で2人います。
問61		最初の結婚でですね、はい。何か車を持っていますか。
答		いいえ1台もありません。
問62		財産はありますか。
答		ありません。
問63		オーストラリアに預金口座はありますか。
答		全然ありません。
問64		日本には預金口座はありますか。

シドニー事件の取調べ

答	あります。
問65	はい、あなたの預金口座のある銀行名を知っていますか。
答	口座はたくさん持っています。お金はあまり入っていませんが。たくさん……。
問66	……はい……。
答	それから、友人に頼んで管理してもらって……（不明瞭）……だから自分では使えないと思っています。
問67	……はい……。
答	無一文のようなものです。
問68	はい、口座にはあまりお金はないんですね。
答	ええ、あまりありません。
問69	そのお金がなくなったら、どうするつもりですか。
答	両親がくれたお金を使い、それでそのお金を使って——バンコクで事業をします。バンコクではお金を貸しているし。
問70	バンコクで事業をしているのですか。
答	いいえ。そこでタイの女性と出会い……（不明瞭）……実際には、夫婦のように暮らしていました。
問71	そうですか。タイには何年くらい住んでいるのですか。
答	3年4ヶ月です。
問72	……はい……。
答	最初の1年は毎月、ほとんど毎月、日本に帰っていました。2年目は半年に1度、3年目は帰っていません。
問73	タイであなたと暮らしている女性の名は？
答	もう一緒には暮らしていません。
問74	……はい……。
答	彼女は別れたとき私の財産を全部とってしまいました。
問75	わかりました。どれくらい前に別れたのですか。
答	6ヶ月前です。
問76	最後に彼女に会ったのはいつですか。
答	1週間前です。
問77	1週間前？　彼女の名前を知っていますか。すみません、この質問はもうしましたかね。
答	タイの人は、……（不明瞭）……ニックネームを持っているんです……ニックネーム。本名は…？
問78	<u>テープのために説明すると、Ｓさんはバッグのところに行って、中の物を取り出しています。</u>
答	あなたには読めないと思いますが、タイ語です。

問79　あなたもタイ語は読めないと思いますが？
答　　ええ、読めません。
問80　はい。
答　　これが彼女の名前です。
問81　わかりました。それをコピーします。あなたが先週彼女に会った目的は何ですか。
答　　車の登録のことで彼女から私に電話があったのです。
問82　……はい……。
答　　私が持っていたものですから。彼女はそれをくださいと私に言ったのです。
問83　それはあなたの車なのですか、それとも彼女の？
答　　私がお金を出しましたが、彼女の物になっています。
問84　……はい……車種は何ですか。
答　　BMWです。
問85　ふーむ、その車の登録のことを知っていますか。
答　　……（不明瞭）……。
問86　知らない？　では、あなたの名前で登録されている、それでいいですか。
答　　いいえ、私の名前ではありません。
問87　誰の名前で登録してあるのですか。
答　　私は、私はタイでは登録できないのです。適正なビザがないので。
問88　はい。だが、現時点では、誰の、その車は誰の物ですか。あなたのか、奥さんのか。
答　　それは彼女の名前になっているので、彼女の物だと思います。
問89　……はい……。
答　　これはタイではよくあることだと思います。よく日本人は騙されるんです。
問90　あなたは、税関職員によって拘束されていた取調室に、今日のもっと早い時間に、連邦捜査官のトームと私が入って来たということを認めますか。
答　　はい。
問91　私たちとあなたが会話したということを認めますか。
答　　はい。
問92　その会話がテープに録音されたことを認めますか。
答　　はい。
問93　結構です。もう一度あなたに対してなされた申立を言います。連邦捜査官のトームと私は、あなた、Ｓさんが、ニューサウスウェールズ州において、2002年7月1日に、麻薬と疑われる輸入禁止品をオーストラリアに持ち込んだとの申立について、質問をしています。いいですか。この申立に対するあなたの言い分はいかがですか。
答　　私は何も知りませんでした。
問94　はい。あなたはこれまでにオーストラリアに旅行に来たことがありますか。

答		初めてです。
問95		初めて――この旅行は誰が準備してくれたのですか。
		はい、そのとおりです。
問96		誰が準備してくれたのですか。
答		詳しいこと全部はわかりませんが、タイの旅行代理店です。
問97		ここへは仕事で来たのですか、それとも休暇でですか。
答		ビザが切れたので、基本的には休暇ということになると思います。
問98		あなた自身の航空券は自分で支払ったのですか。
答		いいえ。
問99		誰が払ったのですか。
答		わかりません。誰かが払っているところを見たわけではないのですが、航空券を受け取って、そのときこれをお土産として持って行ってほしいと言われました。
問100		はい。誰があなたにこれを持って行くように頼んだのですか――すみません、話を進める前に、「これ」というのは、この袋のことを言っているのですね、ボトルの入っている。袋からボトルを取り出してみます。テープのために説明すると、これは黒と茶色の紙袋で、「Emporium Wine Celler」と書いてあります。その袋に入っているのは大きなボトルで、そのボトルに書いてあるのはアジアの言葉のようです。
答		はい。
問101		何語ですか、これは。
答		日本語です。
問102		これがあなたがオーストラリアに持ってくるよう頼まれたボトルだということを、あなたは認めますか。
答		はい、そのとおりです。
問103		では、そのボトルの中身は何だと思いますか？
答		たった今、あなたや他の人が麻薬だと言っているのを聞きました。
問104		でも、何が入っていると思っていたんですか。われわれがあなたに言うまでは、ボトルに何が入っていると思っていたんですか。
答		ただ日本の酒だとばかり思っていました。
問105		よろしい。誰がこのボトルをオーストラリアに持って行くよう頼んだのですか。
答		女性です。旅行代理店の女性です。
問106		はい。その旅行代理店の名前を知っていますか。私は、今、Ｓさんがわれわれに見てほしいと言って示した旅行関係書類を彼に手渡すところです。そして、彼は、私がJ C/0001と番号をつけた証拠を彼は示しています。先ほど私が封をしておいたこのビニール袋に入っているのは、手書きのメモが書いてある3枚の紙が入っています。触らずに指さしてもらえますか。

答　　見えないんですが。

トーム：もしかすると、彼の鞄の中では？

問107　テープのために説明すると、Ｓさんは自分の荷物の中から、さらに品物を取り出しています。Ｓさんは今、私にアジア風の文字の書いてある名刺を手渡しました。書いてあるのは、──書いてあるのはタイの言葉ですか、それとも日本の言葉ですか？

答　　それは日本語です……（不明瞭）……。

問108　これに書いてあるのは日本語です。私が読める言葉はとしては、「Ｍ… Tour Co. Ltd. Limited」と書いてあります。括弧の中に「Manager」と書いてあります。その横にはアジアの文字で名前が書いてあるようです。名刺の左上の隅に赤い飛行機があって、他に私が読める文字は、2‐9‐6、Ｎ……、スペルはN＊＊＊＊＊＊＊、キタクKita-ku、トウキョウTokyo、それと私にはわからない記号、それから数字で、115‐0056。それに名刺には電話番号もたくさん書いてありますね。Ｓさん、これがあなたの頼んだ旅行代理店ですか。

答　　はい、これがその名前で、旅行代理店で私を担当した人です。

問109　それは読めますか。そこの書いてあるのは日本語ではないですね？

答　　これは日本語ではないけど、こちらは日本語ですね。「Ｎ」と書いてあります。

問110　Ｎ？　Ｎ、○、○？

答　　はい。

問111　はい。それを読んで、Ｎというのは旅行代理店の経営者だと思いますか。

答　　よくわかりませんが、名刺からというのではなく、経営者と書いてあるので、彼女が経営者じゃないかと思います。

問112　はい。Ｎが実際にあなたの担当をした人物だったかどうか覚えていますか、ちょっと後戻りしますが。あなたが自分で旅行代理店に行ったのですか、それとも旅行代理店のほうからあなたのところに来たのですか。

答　　その人たちが、旅行代理店の人のことですが、私のところに来て、空港まで連れて行ってくれたのです。

問113　結構です。旅行代理店はどのような方法であなたに連絡して来たのですか。

（時間を知らせる音）

答　　旅行代理店から話がありました。実は、日本の友人……（不明瞭）……から紹介されたんです、いいパートの仕事があるといって。

問114　ふーむ。

答　　飛行機チケットを渡すから、オーストラリアに行って、オーストラリア在住の特定のタイ人に会えば、1日に200USドルが稼げる、と。

問115　はい。ここで取調べを中断しなければなりません。先ほど聞こえたビーっという音はテープが終わるという知らせなので、テープを入れ替えなければなりません。

　　　　　Sさん、時刻は今、午後12時51分であることを認めますか。
答　　　はい。
よろしい。では、この取調録音はいったん中断します。

午後12時51分取調べ録音停止
午後12時55分取調べ録音再開

カスバートソン：キングスフォード・スミス空港内オーストラリア連邦警察における連邦
　　　　　　　捜査官ジョシュア・カスバートソンとの間の取調録音をただいま再開します。
問116　Sさん、今、午後12時55分であることを認めますか。
答　　　通訳（被疑者に代わって答えて）：はい。
問117　はい。先ほど私があなたに言った注意点を思い出してもらいたいと思います。あ
　　　　なたは、自分が望まないかぎり、何かを言ったり行なったりする必要はありませ
　　　　ん。わかりますか。
答　　　はい。
問118　はい、それで結構です。で、あなたは、いや、われわれは、中断の間にこの取調
　　　　べに関して何か話し合いましたか。われわれがテープを入れ替えた少しの中断の
　　　　間、この取調べに関することは何も話さなかったということを認めますか。
通訳人：すみませんが……。
問119　いいですよ。今、明らかに取調を再開したところですが、テープが終わりに近づ
　　　　いていたので、テープを取り替えなければならなかったわけです。Sさんに聞い
　　　　ているのは、テープが止まっている間に、この事件に関する話をしましたかとい
　　　　うことです。
答　　　わかりました。
問120　あなたは、われわれが中断中にこの事件について何も話をしなかったということ
　　　　を認めますか。そのことを認めますか。
答　　　はい。
問121　はい。さて前のテープが終わる前に、あなたはあなたのところに来た日本人の友
　　　　人のことを言いました。その日本人の友人の名前は何ですか。
答　　　××です、すみません、Tです。
問122　Tというのは、彼のフルネームですか。
答　　　苗字です。フルネームはわかりません。
問123　女性ですか、男性ですか。
答　　　男性です。
問124　男性ねえ。知り合ってどれくらいになりますか。
答　　　8ヶ月くらいです。

問125　8ヶ月？
答　　私が来てから、私がタイに来てからです。
問126　……はい……。
答　　知り合って8ヶ月ですが、お互いにそんなに会っていません。
問127　はい。どのようにして出会ったのですか。
答　　タイの日本料理店の1つで会いました。そこは、ほとんど日本人ばかりでしたから。
問128　はい、わかりました。それで、彼とは友人を通じて出会ったのですか、それとも偶然そのレストランで会ったのですか。
答　　まったく偶然にです。
問129　まったくの偶然ですか。わかりました。この人物はいつ、あなたがこの旅行代理店に連絡するように言ったのですか。
答　　彼はこの人たちのほうから彼に連絡があるまで待ってほしいと言いました。
問130　どうしてそういうことになるのですか。あなたは、ずっとオーストラリアに行くつもりだったんじゃないんですか。
答　　いいえ。
問131　いいえ？　それでは、なぜ、この旅行代理店のほうから連絡があるということだったんですか。
答　　6月29日にすべての航空券の手配が出来て、それからそのことを告げられました。
問132　はい。しかし、あなたの友人の……Tはあなたの友人なのですか。
答　　はい。
問133　友人ですね。彼のほうからあなたに電話をかけてきて、仕事を探しているのかと聞いたのですか。
答　　いえ、仕事がありませんでしたので。というか、時々仕事はしますが、職はなかったという意味です。
問134　はい。
答　　そして、そんなとき、彼女から、7万円か8万円手に入れることができると言われたのです。
問135　ふーむ。
答　　そしてもしオーストラリアに行けるのだったら、それだけ稼げると。
問136　オーストラリアに来てそれだけ稼げるということですが、8万円もどうやって稼げるのですか。
答　　私が言われたのは、オーストラリアに行って、オーストラリアで働いているタイ人たちに会い，えー、彼らの生活状況を調べて、もし彼らが何か不満を持っていたり、仕事を変えたいと思っているなら、彼等の話を聞くように、ということです。

シドニー事件の取調べ

問137　はい。このボトルを運ぶように言われたのはいつですか。何日に？
答　　6月30日、空港へ向かう途中でです。
問138　はい。航空券はすでに持っていたのですか。
答　　彼らはボトルと航空券を一緒に持って来ました。
問139　誰が持って来たのですか？
答　　この人、旅行業者です。
問140　名刺、先ほどＳさんが私に渡した名刺のことを言っているのですか。
答　　はい、そのとおりです。
問141　ということは、その人が、あなたに航空券を渡しこのボトルを渡したのですね。
答　　はい、そのとおりです。
問142　はい。では、あなたがこの人に最後に会ったのはいつですか。
答　　6月30日です。
問143　はい。
答　　空港で。
問144　空港で？
答　　私は空港まで彼女と一緒に行きました。彼女に会ったのはそのときが最初です。
問145　そのときが最初だったのですか、はい。このボトルと航空券を渡されたとき、お金もいくらかもらいましたか。
答　　はい、もらいました。
問146　いくらくらいもらいましたか。
答　　正確に言わなければいけませんか。
問147　正確な額が知りたいね。
答　　まだ1度も使っていないので、数えてみなければならないんですが。
問148　いいですよ、気にしないで。テープのために説明すると、Ｓさんはポケットから貨幣を取り出しました。彼は今それを数えています。多数のオーストラリア100ドル紙幣と、多数のオーストラリア50ドル紙幣があるようですが……。
答　　2,575オーストラリアドルです。
問149　オーストラリアドルね。あなたに手渡されたのはそれで全額ですか。
答　　それにバーツでもいくらか。
問150　バーツで……。タイ・バーツのことですね。テープのために説明すると、Ｓさんは今タイ・バーツを手にしています。
答　　ここにある以外に、タバコを買うのに480バーツ使い、それから500、空港税で500バーツ払いました。
問151　はい。
答　　だから、今手元にあるのは520バーツです。
問152　はい。

答　　ここにあるのは私のお金です。
問153　はい。あなたは、何故あなたはこのお金を渡されたと思いますか。
答　　宿泊代が入っていませんので。私が宿泊代を払わなければならないのです。
問154　自分自身の宿泊代を払うのですか。
答　　1日につき米国ドルで200ドルを払ってくれる約束だと聞きました。
問155　よろしい。そのお金はどのようにして支払ってもらうのですか。
答　　オーストラリアのこのお金をタイに持ち帰って、米ドルに変えるのです。
問156　あなたは何を……あなたがオーストラリアに来た時このボトルをどうしろと言われていたのですか。失礼、テープのために説明すると、SさんはJC/0001の印のついた3枚の紙を指差しています。彼は1枚の紙を示していて、それには手書きのメモがついています。このメモに書かれているのは——はい、Sさん、この人物ですね——ここには、オミヤゲO-M-I-Y-A-G-Eと書いてあるようです——これは電話番号のようですね。
答　　はい、そう思います。
問157　はい。で、その番号は……。
答　　でも、彼には電話できないと思います。
問158　はい、結構です。さて、番号は00‐たぶん1か、／か、0401034962かな。その下の名前は、J氏、スペルはJ、○、○、○、誰がこの紙に書いたのですか。
答　　わかりません。
問159　この紙をいつ渡されましたか。
答　　航空券と一緒にです。
問160　航空券やボトルと一緒にですか。
答　　……（不明瞭)……。
問161　はい、で、いつ、この人物に電話するように言われたのですか。
答　　もし連絡がなければということです。
問162　ふーむ。
答　　もし誰も連絡して来なかったら、私が電話をしなければならないと。
問163　Jさんに電話をするのですか。
答　　詳しいことは何も知らされていません。
問164　はい。
答　　話をしたのは、お土産(souvenir)、プレゼントのことだけです。
問165　souvenir、そのお土産(omiyage)というのは、souvenirのことですか。
答　　お土産は、souvenirです。
問166　このページにはもう1つ手書きがあって、違うインクで、ブルーの手書きのメモがあります。そして、"BKK Airport Duty Free, Detabaco one pack, Katte Kudasai"と書いてあります。K、a、Tが2つ、E、スペース、K、U、D、A、

シドニー事件の取調べ

	S──失礼──K、U、D、A、S、A、Iとなっています。" Tabacco, HA one pack" そして" Saki, HA one pon"、スペルはP‐O‐Nとなっています。これは誰か書いたのですか。
答	わかりません。書いたところを見てませんから。
問167	はい。
答	全部一緒にもらいました。オーストラリアは、税関は、アルコールは1125mlまで持ち込むことを認めています。
問168	そうです。
答	それで、これは1800mlだから、おそらく、税金を支払わなければならないと言われたのです。
問169	はい。
答	だから税金を払いに行ったのです。
問170	税関ね。結構です。
答	……(不明瞭)……。
問171	はい。前に言ったように、ここに3ページあります。もう一度言ってほしいのですが、ブルーの手書きは航空券と一緒に渡されたときの紙に書かれていたものですか。
答	はい、そのとおりです。
問172	はい。どれくらいオーストラリアに滞在する予定ですか。
答	遅くとも7月4日までにバンコクへ戻るつもりです。
問173	では、オーストラリアのどこに泊まる予定ですか。
答	フラマ・ホテルです。
問174	スペルを教えてくれますか。Sさんはその書類、同じ証拠物JC/0001を指差しました。2ページ目はフラマと書いてあり、綴りはF、U、R、A、M、A、Darling Harbourにあります。その下には連絡用の電話番号が書かれています。フラマ・ホテルは誰が予約したのですか。
答	旅行代理店です。
問175	はい。でも、ホテルの代金は誰が、いつ払う予定だったのですか。
答	ホテルに着いたら、現金で支払うことになっていました。
問176	はい。
答	というのは、私はカードを持っていませんので。
問177	オーストラリアでは、誰かに会う予定だったのですか。テープのために説明しますが、Sさんは、証拠番号JC/0001の3ページ目を示しています。このページには、「名前のリスト」という表題の下に、7名の人のリストがあります。人の横は部屋番号でしょうか。
答	たぶん年齢でしょう。

問178　年齢ね、はい。どうしてこの人たちと会う予定にしていたのですか。
答　　私が実際指示されたのは、この人たちに会いに行って、この人たちはオーストラリアでビジネスをしている人と一緒にいるのですが、彼らは仕事についてプレッシャーを感じていたり、オーストラリアの生活条件に不満を持っていたりするので、それを手紙に書いてもらってタイに持って帰るということです。
問179　はい。
答　　私がこの仕事をすることにしたのは、オーストラリアで働いている人から情報を得ることだったからです。
問180　あなたが得るように言われた情報というのは、オーストラリアでの旅行に関する状況ですか、それとも宿泊の状況ですか。
答　　そうです、そのとおりです。それと、言葉の壁の問題についても。
問181　ふーむ。
答　　彼らが仕事で使う言語あるいは、……（不明瞭）……オーストラリアで……（不明瞭）……。
問182　はい。ボトルに戻りますが、あなたがボトルを受け取った日——そのときより後に、誰かほかの人がこのボトルを触りましたか——あなた以外の誰かがこのボトルを触りましたか。誰か他の人がこのボトルを所持したことがありますか。
答　　いいえ。
問183　いいえということは、このボトルは、空港であなたに手渡されてから、確かさっきそう言っていたと思いますが、それから現時点までずっとあなたと一緒だったわけですか。
答　　私だけです。私が飛行機に持ち込みました。
問184　わかりました。今、私はＳさんに入国用の乗客カードを見せていて、それには、Ｓという姓とＴという名、それにここにあるのはあなたの署名ですか。
答　　はい。
問185　はい。さて、このカードの申告に関する質問、質問２以外のすべての質問には「ノー」と答がありますが、質問２には、「1125ml以上のアルコールまたは250本以上のタバコあるいは250グラム以上のタバコ製品」と書いてあり、Ｓさん、あなたは「Yes」のほうにチェックしたことを認めますか。
答　　Ｓ：はい。
問186　さて、このボトルですが、このボトルに関してどのような指示を受けましたか。
答　　だから、そのー、リストにある人たち、そのリストではなく、……（不明瞭）……。
問187　あなたが言ってるのは、JC/0001の１ページ目のことですね。
答　　彼がボトルとタバコを取りに来るということでしたが、タバコは私が買いました。
問188　彼がホテルに来ることになっていたのですか、それともあなたが、どこかで彼に

	会うことになっていたのですか。
答	そのことについては、何も聞いていません。彼がホテルに来るのだと思っていました。
問189	空港からホテルまでどうして行くつもりだったのですか。
答	それを考える前に逮捕されてしまいました。
問190	もう一度？
答	その前に止められてしまいました。
問191	そうですね。
答	どうやって行くか考える前に。
問192	はい。でも、ホテルまで連れて行ってくれる人に会うつもりだったのではないんですか。
答	ホテルに行くバスを探すつもりでした。
問193	そうですか。ホテルの予約はあなたの名前でしてありますか。
答	はい、そうだと思います。まだ、チェック・インしていませんが。
問194	このボトルを手渡されたとき、ボトルのレシートを受け取りましたか。
答	いいえ。
問195	もう一度？
答	いいえ。
問196	いいえ、ですか。この人、M・ツアーの名刺に名前が載っているNのことですが、この人とどういう会話をしたか教えてもらえますか。このボトルを渡されたとき、空港でどのような会話をしたのですか。
答	これはお土産（souvenir）だと言われました。
問197	お土産（souvenir）ですか、はい。これまでにJという人物と話をしたことがありますか、あるいは会ったことがありますか。
答	いいえ。
問198	はい。N…、M・ツアーの名刺に名前が載っていますが、この人には以前に会ったことがありますか。
答	一度だけ。
問199	一度だけ。で、それは空港で、ですね。
答	そうです。空港に行く途中で、です。
問200	空港に行く途中で。空港に行く途中のどのあたりですか。
答	タイのセントラル・ホテルからです。彼女には、セントラル・ホテルで会ったんです。
問201	空港に行く途中で、セントラル・ホテルで彼女に会った。それで正しいですか。
答	はい、タクシーで。
問202	タクシーで。彼女は、あなたと一緒にタクシーに乗っていたのですか。

答	はい、そうです。それから、お金をオーストラリアドルに換えてくれたんです。
問203	どうしてあなたは――あなたが移動しているとき――あなたはホテルから空港までNと一緒に移動したのですか。
答	はい。
問204	Nと一緒にホテルに泊っていたのですか。
答	彼女にはホテルで3時に会ったのです。それから4時に空港のゲートに入りました。その前日に彼女から電話があって、ホテルで待っていてくださいと頼まれました。
問205	はい、わかりました。ホテルにはどれくらいいましたか。
答	2時からいました。
問206	あなたは――失礼、2時というのは前日のことですか、出発と同じ日の2時のことですか。
答	当日です。
問207	当日ですね、はい。セントラル・ホテルでは部屋にチェック・インしましたか。
答	いいえ、ロビーだけです。
問208	ロビーね、はい。それで、ホテルから空港までのタクシーに乗ったとき、Nはどこに行きましたか、というか、Nはいつあなたと一緒に行くのを止めたのですか。
答	いえ、止めませんでした。
問209	でも、Nはホテルから空港に行くまでのタクシーであなたと一緒だったんでしょう？
答	はい、彼女は、ホテルから空港まで一緒に行って、それから帰りました。
問210	彼女はタクシーの中にいたのですか、それもあなたと一緒に空港に入ったのですか。
答	はい、彼女は空港まで一緒に来て、出国審査を通過する直前まで私と一緒にいました。
問211	それから、さようならと手を振って別れたのですか。
答	私が本当にオーストラリアに行くかどうか確認したかったのだと思います。
問212	はい。では、どのような人物だったか教えてもらえますか。
答	口で言うのは難しいですが、……。
問213	背は高い？　低い？
答	ごく普通です。タイ人は普通あまり背が高くありません。
問214	彼女に関する情報は、それだけですか。
答	はい。
問215	はい。今後2、3日の間にNと連絡をとる予定はありますか。
答	彼女に説明しないといけないと思います。
問216	はい。では、連邦警察官のトームに質問があるかどうか尋ねてみましょう。

トーム：ありますよ。
答　彼女に連絡しないといけないんですが。空港で足止めされていると。

カスバートソン（続けて）：
問217　あなたが勾留された場合について、彼女は指示を、何をすべきかを、あなたに伝えていましたか。
答　麻薬のことは何も知りませんでした。
問218　このボトルは鑑識部門で検査をしなければなりません。
答　そのことを心配していたのです。このボトルは私のものではありませんから。それは……。
問219　大丈夫です。この署名、失礼、証拠物件JC/001の3ページ目について述べていますが、あなたはその名前が読めますか、いや、まず第一に、あなたはそのページに書いてある英語が読めますか。
答　少しはわかりますが、100パーセントはわかりません。
問220　手紙にサインしてあるのは誰の名前ですか。
答　知りません。
問221　もう一度……、すみませんでした、本件に関して、連邦捜査官のトームに質問する機会を与えます。
答　S：はい。

トーム：
問222　Sさん、2、3質問しますが、その前に注意しておかなければならないことがあります。あなたが言うことや、することは何でも録音され、証拠として提出されることがあるので、あなたは何ら言ったり、やったりする義務を負っていません。このことはわかりますか。
答　はい。
問223　明確にするため2、3質問します。前に、あなたは両親がいくらかお金を残してくれたと言いました。どれくらい残してくれたのですか。
答　父のほうが母より早く死んでいるのですが、父と母それぞれがどれくらい残したかということですか。
問224　現在、どれくらい使えるのですか。
答　父親のは……（不明瞭）……全部なくなってしまいました。
問225　はい、それでお母さんのは？
答　4000万円残してくれましたが、兄弟で分けました。
問226　兄弟は何人ですか。
答　兄弟は2人──あ、半分に分けました、それで2000万円です。
問227　2000万円ですか。米国ドルに換金してどれくらいになるのですか、彼は知っているのですか。

答	オーストラリアドルで40万ドルで……（不明瞭）……1ドル100円ですが、正確ではありません。
問228	正確ではないけれど、40万だと言っているのですね、そのとおりです。
答	通訳：20万だと言っています。半分に分けましたから。
問229	はい、そうですね。
答	オーストラリアドルで20万ドルです。
問230	そこで約20万ドルですが、タイで生活するには、1ヶ月タイで住むにはどれくらい要るのですか。
答	通訳（被疑者に代って答えて）：現在のことを言っているのですか、それとも……。
問231	いや、今、今ですよ。
答	1日にですか。
問232	いや、1月です。月にどれくらい使うのか、どれだけになるのですか。食糧や生活用品に。

（ブザー）

答	ああ……（不明瞭）……日本円にして1,000円。
問233	はい、結構です。今聞こえた音はテープです。終了間近かということですが、いくつか質問を続けます。そんなに長くかかりません。この乗客カードに戻ります。いいですか。全部記入しましたね。
答	はい。
問234	さて、前にこれはあなたの署名だと言いましたね。
答	はい。
問235	このカードに全部記入したのですか。
答	しました。
問236	この英語もあなたが記入したのですか。
答	はい。
問237	英語は理解できますか。
答	100パーセントというわけではありませんが。
問238	はい。
答	……（不明瞭）……。
問239	では質問の2ですが、質問2を読みましたか。

（声に出した返答なし）

問240	質問2の意味ははっきりわかったのですね。
答	飛行機の中でビデオテープが流れて、それを見ると翻訳が載っています。
問241	はい。
答	これは見ませんでしたが、ビデオによると11,000（ママ）だそうで、これは

1000ml以上というのはわかっていましたからです。

問242　飛行機の中ではタイ語のカードを渡されたのですか、日本語のですか。

答　日本語のものはありませんでしたが、タイ語がとてもシンプルなタイ語なので理解することができましたし、絵があったので理解の助けになりました。

問243　カードの裏側には四角があって、「あなたは普段どんな仕事をしていますか」とあります。あなたはそれを埋めて、「ビジネスマン」と書き入れていますね。先ほどあなたは5年間失業していると言いましたね。

答　最初'NO'と書いたのですが……（不明瞭）……消しました。

問244　しかし消しておきながら、なぜ「ビジネスマン」と書いたのですか。あなたのビザは商用なんですか、仕事をするためのものですか、それとも休暇用ですか。

答　ビジネス用のビザではないですが、ビデオがビジネスマンと言っているので、そのほうが聞こえがいいと思って。

問245　よろしい。これは今日ここへ来たときの航空券ですか。

答　……（不明瞭）……。

問246　これを見ると、バンコクへの帰りは未確定の往復航空券ですね。

答　そうです。

問247　では、あなたの都合のいいとき、いつでも電話して次のシドニーからの帰国便を予約できるのですね。

答　そうです。

問248　では、日本のパスポートを見せます。テープのためですが、番号はYZ＊＊＊＊＊＊ですね。これはあなたのパスポートですか。

答　はい。

問249　よろしい。このパスポートを見てみると、実にスタンプだらけで、主に日本とタイのバンコクを往復していますね。先ほどあなたは、それは内縁の妻である、あるいは友人であるタイの女性に会いに行くためだと言っていましたね……。

（テープ終了）取調べ録音中断
1時46分取調べ録音再開

カスバートソン：シドニー・キングスフォード・スミス空港のオーストラリア連邦警察の取調室における取調録音をただ今から再開します。取調べは連邦捜査官ジョシュア・カスバートソンとSの間のものです。

問250　Sさん、今午後1時46分であることを認めますか。

答　通訳（被疑者に代って答えて）：はい。

問251　結構です。前にも言いましたが、あなたが言ったり行なったりすることは何でも録音されますので、何も話したり、行なったりする必要はありません。私が前に

注意したとおりと思ってください。わかりますか。
答　はい。
問252　はい。取調べ——取調べの2本目の録音テープが終了しました。それで取調べを再開したというわけです。中断の間、あなたはトイレ休憩の時間が許されましたが、それを認めますか。
答　はい。
問253　録音の中断中に、この取調に関係があることを私たちの間で話し合いましたか。
答　はい。
問254　はい、それで……しかし、われわれは何もその中断の間に話をしていないということをあなたは認めますね。
答　そのとおりです。はい。
トーム：いいでしょう。問題ありません。連邦捜査官のトームが質問を続けます。
問255　Sさん、こんなに早くテープが切れるとは気づかず失礼しました。ただ、覚えておいてほしいのですが、あなたが言ったり行うことは録音され、後で証拠として提出されることもあるので、あなたは何も話したり行なったりする必要はありません。わかりますか。
答　はい。
問256　Sさん、テープが最後に止まる前に、あなたにあなたのパスポートを見せていましたが、それがあなたのパスポートですか。
答　はい。
問257　よろしい。私は、ちょうどSさんにパスポートYZ＊＊＊＊＊＊＊を見せていたところでした。さて、Sさん、このパスポートには入国と出国の印がたくさんありますね。日付は何年も前に遡りますが、このパスポートで最初とわかるのは1997年頃のもので、この年カンボジアに数回行きましたね。この旅行について話してくれませんか。
答　カンボジアに行ったのは、その当時は車を運転してずい分安く行けたからです。
問258　なぜずい分安いのですか。
答　旅費がずい分安いし、ビザをとるのにもその料金も安いので、タイに短期滞在している人がカンボジアに行ってビザを取って帰ってくるというのは、ごく普通のことなんです。
問259　それでカンボジアに行って何をするのですか。
答　ただ往復するだけです。1日でできますからね。
問260　これにスタンプが押されているこれら全部の旅行の費用は誰が支払ったのですか。
答　日本にいる友人です。日本に住んでいる友人です。
問261　わかりました。で、その名前は？

答　　　Dです。
問262　スペルは？
答　　　D、○、○、○です。
問263　D、○、○、○。彼には──これが彼の苗字ですか。
答　　　そうです。
問264　名前は？
答　　　Hです。
問265　スペルは？
答　　　H、○、○、○です。
問266　日本のどこに住んでいるのですか。
答　　　わかりませんが、彼の会社の番地は──さっきあなたに言った私の住所と同じです。
問267　わかりました。この取調べが始まったときに言ってもらった彼の元の住所と同じなんですね。
答　　　はい、そのとおりです。
問268　彼は旅費を全部払ったのですか。
答　　　そうです、ほとんどですね。
問269　その会社はどのような仕事をしているのですか。
答　　　車の修繕と中古車販売、それに車の保険です。それから、私は──その会社に私のお金を貸してあげました。オーストラリアドルで2万ドルほどです。でも……（不明瞭）……それは私が持っているお金とは別です。それに、私は私の住所も貸しました、ただでです。それで、私に月に300ドルほど、日本円で3万円ほど送ってくるのです。
問270　よろしい。私の質問は以上です、Sさん。最後に連邦捜査官のカスバートソンが2、3質問します。
答　　　わかりました。
問271　Sさん、先ほど自分が望まないなら、何も話す必要もないし、何もする必要もないと言いましたが、もう一度注意して、その注意が今もそのとおりだとお伝えします。わかりますか。
答　　　はい。
問272　あなたを旅行代理店に紹介したというあなたの友人ですが、彼の名前をもう一度言ってもらえますか。
答　　　Tです。
問273　T、○、○、○、これで正しいですか。
答　　　正しいです。
問274　彼は以前オーストラリアに来たことがありますか。

答　わかりません。100パーセント確かというのではありませんが、これまでに来たことはないと思います。行ったことがないと話していた気がします。

問275　あなたは知っていましたか。このボトルについてあなたは彼と何らかの話をしましたか。

答　彼は、私がバンコクを発つ日に電話してきて、「日本酒とタバコ10箱をオーストラリアへのお土産として持って行ってくれないか」と言いました。

問276　Tがあなたにそう頼んだのですか。

答　彼はまるでメッセンジャーのようでした。そして、あなたにボトルとタバコをオーストラリアに持って行ってもらうように伝えなければならないと言ったのです。

問277　何日に言われたのですか。ボトルとタバコを持っていくようにと。

答　出発の日の3時頃です。

問278　このことは、あなたはM・ツアーのNと話す前にこのことを言われたのですか、それとも後ですか。

答　私がNに会った後、彼から電話があったんです……。

問279　……はい……。

答　そして彼は私が彼女と会えたかどうか確認したかっただけなんです。

問280　はい。この事件に関して、もっと何か話しておきたいことがありますか、Sさん。

答　何か？

問281　何でもいいです。これまで話し合っていないことであなたがわれわれに伝えたいことは何でも。

答　知りたかったのですが、あー、私に何が起こったのですか。

問282　わかりました。

答　わたしがわかっているのは、もし禁止されている物を何か持ちこんだら、そうすると、ちょっと……（不明瞭）……しかし、うーむ、それはその国にもよるし、法律は国によってもずい分違いますね。私は拘束、勾留されるのですか。

問283　すぐにその点を説明しますが、麻薬を輸入することは犯罪だということ、薬物をオーストラリアに持ち込むことは犯罪だということを、あなたは知っていますか。

答　一般的に、どこの国へも禁制品を持ちこめば、違法だということはわかっています。

問284　はい。この取調中のあなたの答えは、あなたの自由な意思から出たものですか。

答　はい。

問285　この取調中、あなたの答えを引き出そうとして脅迫や約束、誘導尋問がありましたか。

答　いえ、脅迫はありませんでした。

問286　Sさん、時刻は今午後2時ということを認めますか。

答　はい。

取調べ終了
午後2時取調べ録音終了

Ⅳ　NSW州の刑事手続概観

NSW州裁判官の法服のひとつ

NSW州の刑事手続の制度

渡辺 修

オーストラリアの連邦制度

　オーストラリアは、6つの州、1つの準州、首都のある連邦が管轄する地域（Australian Capital Territory。以下、ACT）、および連邦全域（Commonwealth。コモンウエルス）で構成される。各法域毎に体系的な法律が制定されており、警察、検察、裁判の各機構が整う。刑事事件については、連邦制度に関わる各種犯罪は連邦法で定められている（国防、外交、通貨、金融、郵便、関税、貿易、社会福祉などの分野に関するもの）。その他一般の犯罪については、各州法が定めている。刑事手続についても、各法域ごとに法律がある。連邦全域については、Crimes Act 1914(Cth)が刑事手続について定めている。

　犯罪捜査については、ACTおよび空港などの特定の場所については、連邦警察が管轄するが、各州については、それぞれの州警察が管轄する。州内で発生する連邦犯罪についても、州警察が管轄権を委譲されている。ただし、国家犯罪捜査局（National Crime Authority。以下、NCA）は、薬物犯罪などについて連邦全体で捜査を行う権限を有する。

　したがって、連邦法違反犯罪、州法違反犯罪ともに、州の捜査機関が概ね捜査を行い、その後州法に従って訴追、裁判を経て処理される。

　2005年2月現在、NSW州では、犯罪捜査については、Crimes Act 1900, §§352ff.等が、保釈については、Bail Act 1978、一審の審理と量刑手続については、Criminal Procedure Act 1986が定めている。実体刑法については、Crimes Act 1900、量刑基準については、Crimes (Sentencing Procedure) Act 1900がそれぞれ定めている。上訴については、Crimes (Local Courts Appeal and Review) Act 2001が定める。

NSW州の犯罪

　犯罪は、法定刑と処理手続の違いによって、「簡易処理犯罪（summary

offences）」と「正式起訴犯罪（indictable offences）」に分類される（いわゆるtable 1犯罪、Table 2犯罪と訴追の形式については、Ⅱ部のレスター氏講演67頁参照）。

簡易処理犯罪とは、軽微な犯罪であって、「ローカル・コート」においてマジストレイトが管轄する。これに対して、「正式起訴犯罪」は性質上より重大な犯罪であって、ディストリクト・コートで処理される。さらにとくに重大な犯罪については、州最高裁判所の一審管轄部が陪審裁判によって担当する。上訴関係は、州最高裁の上訴部（Court of Appeal）が管轄する。

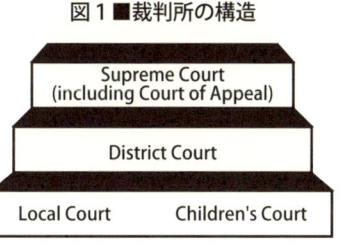

図1■裁判所の構造

Supreme Court (including Court of Appeal)
District Court
Local Court　Children's Court

※http://www.lawlink.nsw.gov.au/より。

NSW州の警察が犯罪を探知し、捜査を開始し、犯人を審判に付するためには、身体を確保して、裁判所へ出頭させなければならない。その一方法が、逮捕である。

逮捕から捜査へ

逮捕には、令状によらずに行われる場合と令状逮捕がある。現行犯の場合には、簡易処理犯罪、正式起訴犯罪を犯しているとき、またはこれを行い終えて間がないときには、何人でも逮捕することができる。また、何人も、「重大な正式起訴犯罪」を行なった者について令状なく逮捕できる。

他方、警察官は、犯罪を行なったと疑う「合理的な理由」がある場合にも令状なく逮捕することができる。

ほかに、夜間に道路、庭その他の場所で横たわりあるいは徘徊している者であって、「重大な正式起訴可能犯罪」のいずれかを行おうとしていると疑う「合理的な理由が」ある場合にも逮捕することができる（Crimes Act 1900(NSW), §352）。

捜査機関が「正式起訴犯罪」について公訴提起を行なった場合、マジストレイト等権限の有する裁判官が、被疑者の出頭を確保するために、逮捕令状を発付する（Justice Act 1902, §23）。被疑者が召喚状に応じて裁判所に出頭しない場合にも、逮捕状を発付することができる（Justice Act 1902, §31）。

逮捕の目的は、本来は、被疑事実に関して裁判所の聴聞を受けさせるために、

被疑者を引致することに尽きる。しかし、現在は、法律により逮捕後一定期間取調べなど捜査のための留置が認められている（Crimes Act 1900(NSW), §356C, ff.）。その概要は次のとおりである。

逮捕後、合理的な期間内の留置が認められている（Crimes Act 1900(NSW), §356D）。留置の合理性は、種々の事情を考慮して判断される。年令、身体的条件、精神的能力など被疑者に関わる諸事情、犯罪の数、重大性など被疑事実に関する諸事情、取調べの必要性など捜査に関する諸事情などである（Crimes Act 1900(NSW), §356E）。

この場合、4時間まで留置を継続することができるが、これを超えて捜査を継続する場合、別途「留置令状（detention warrant）」を要する（Crimes Act 1900(NSW), §356D）。令状に記載された期間内の留置継続が認められる。

延長については、8時間以内まで許されることとなった（Crimes Act 1900(NSW), §356g; see, Law Enforcement Act (Powers and Responsibility) Act 2002 (NSW), §115, 118）。したがって、計12時間について取調べに使うことができる。

上時間が経過した後には、捜査機関は、被疑者を釈放するか、裁判所に引致しなければならない（Crimes Act 1900(NSW), §356C(4)）。

被疑者取調べと録音・録画について

逮捕後、留置管理官は、留置開始後可能になり次第すぐに、「権利告知（caution）」を与えなければならない。内容は、黙秘権があること、述べたことは有利・不利を問わず証拠になることなどである。捜査時間を利用して被疑者取調べを実施することができる。

「正式起訴犯罪」に関する自白など被疑者の供述を後に証拠にするためには、録音または録画が必要である。公判では、録音または録画テープがなければ原則として被告人の供述の証拠能力が認められない（Criminal Procedure Act 1986, §281(2) (NSW)）。

他方、証拠法86条は、「正式起訴状」で訴追される場合には、取調べ内容を書面にしたものは、被告人がこれを認知しないかぎり、証拠にすることができないとする。

このため、ローカル・コートで簡易手続により処理される予定の場合を除き、

取調べの際録音または録画が事実上必要になる。

> **資料：刑事訴訟法（Criminal Procedure Act 1986(NSW)）281条──被疑者による自認**
>
> (1) 本条は、以下の自認に適用する。
>   (a) 被疑者が自認をしたとき、捜査官が犯罪を行なったものであるとの疑いを現に抱いておりまたは合理的にみて疑いを抱くことができた場合であること
>   (b) 正式の取調べの際になされたものであること
>   (c) 正式起訴犯罪に関連するものであること。ただし、被告人の同意を得ることなく簡易に処理することができる正式起訴犯罪は除くものとする。
> (2) 本条が適用される自認は、次の場合を除いて、証拠として許容されない。
>   (a) 裁判所が次のものを利用できること
>   (i) 当該自認がなされている取調べの過程について当該捜査官が作成した記録テープ。
>   (ii) 前号に規定する記録テープを作成することができなかったことについて合理的な理由があることを検察官が証明した場合には、自認を行なったことならびにその言葉遣いに関する取調べの記録テープであって、自認をした者が自認の事実とその言葉遣いを陳述しているもの。
>   (b) 検察官は、(a)項に規定する記録テープを作成できなかった合理的な理由について証明をすること。
> (3) (2)項で定めている記録テープを裁判所の面前で証拠として許容しこれを使用するにあたり、伝聞法則、意見証拠法則（1995年証拠法に基づく）は適用されない。
> (4) 本条では……(一部略)……合理的な理由とは次の事由を含む。
>   (a) 機械不良
>   (b) 取調べを受けている者が、電磁的に取調べを記録することを拒否している場合
>   (c) 取調べをする者を拘束しておくことが合理的な範囲に留まる期間内に記録装置を利用する可能性がないこと
>   テープによる記録とは次のものを含む。
>   (i) 音声録音
>   (ii) ビデオ録画
>   (iii) ビデオ録画であって、音声を同時に収録するがテープは異なるもの

裁判所引致と保釈手続

　逮捕後、警察は、被疑者を起訴する予定であっても軽微な事件の場合には、身体を釈放したうえ、「出頭告知書（attendance notice）」を発付して、出頭すべき日時、裁判所を指示することができる（Justice Act 1902, §100AB ff.）。正式起訴犯罪などの場合には、保釈の可否について審査することを要する。

　保釈法（Bail Act 1978 (NSW)）が規定する保釈事由は、犯罪の性質（保釈になじむ犯罪と、なじみにくい犯罪が分類されている。§8A～§9D)、裁量保釈事由（§9）、保釈の許否の判断事由（§32）が規定されている。

　逮捕された被疑者は保釈されることができる。保釈の権限は、手続に即して警察、マジストレイト、ディストリクト・コート裁判官などに配分されている。

　保釈の対象となる期間は、逮捕後訴追開始決定（charge）がなされてから最初のマジストレイト・コート出頭日まで、公判付託手続からディストリクト・コート出頭までの期間などである。

　犯罪の性質に応じて、保釈の権限のある官憲が自由刑が法定刑にない犯罪、簡易処理犯罪など軽微犯罪で訴追された者は、以前に保釈条件違反を犯したことがある場合、自傷他害のおそれがある場合、有罪判決を受けまたは執行猶予の判決を得ている場合などを除き、保釈を受けることができる（§8）。

　保釈になじまない犯罪として、薬物の製造、栽培、譲渡（その謀議、幇助を含む）など薬物関連犯罪が規定されている（§8A）。次に、犯罪の性質上保釈になじむかなじまないかを定めない犯罪群が規定されている（§9）。たとえば、謀殺・故殺、謀殺の謀議、謀殺の故意を伴う犯罪、謀殺の故意を伴う財産犯罪、謀殺未遂など殺人の実行または故意を伴う犯罪、脅迫、傷害、性的暴力、誘拐、重強盗、重強盗致傷、武装強盗、一定の薬物関連犯罪などである。

　これら以外の犯罪について、各ケースごとに許否事由の有無を判断することとなる。その場合、保釈権限のある官憲は「保釈を拒むことが正当な理由による場合」でなければ、保釈を認めなければならない。

　家庭内暴力犯罪も、9条の適用がない。

　謀殺（murder）、重大な身体傷害犯罪の常習犯である場合（§9D）など一定の重大な犯罪については、32条の諸事情を考慮しつつ「例外的な事情によって保釈が正当化される場合」でなければ保釈はされない（§9C）。

上記の判断基準の適用にあたり、次の事情を考慮しなければならない。裁判所の手続に出頭する可能性、保釈請求者の個人的な利益の有無、被害者、その親族その他当該犯罪の事情に照らして保護を要する者の保護の必要性、「コミュニティの保護と福祉」である。ただし、最後の点との関連では、重大な犯罪を将来犯す可能性が認定できる場合、この点も考慮に入れることが認められている（§32）。

訴追開始決定から公判付託手続へ——正式起訴犯罪の場合

○警察は、被疑者取調べなど一定の捜査を遂げて、被告人を有罪にするだけの証拠があると判断した場合、正式に「訴追開始決定」を行い、これを被疑者にも告知する。同時に、裁判所に出頭すべき日を定めたうえ、これらをローカル・コートおよび公訴庁に通知する。
○正式起訴犯罪については、ローカル・コートにおいてマジストレイトが主催する公判付託手続が行われる。
　　手続の目的は、マジストレイトが陪審裁判に付するに値するだけの証拠の有無を確認することにある。マジストレイトは「一応の証拠（prima facie）」の有無を確認する。
○一審の管轄権——正式起訴犯罪は一般にディストリクト・コートが管轄するが、州最高裁判所は、殺人事件など若干のきわめて重大な犯罪に関する一審管轄権を有する。この場合、審理は陪審裁判によって行われる。また、公害など多額の罰金を科す事件についても、管轄する（裁判官が審理を行う）。
○公判——まず罪状認否がなされる。被告人が無罪の答弁をした場合、陪審団が構成される。
　　審理公判では、まず検察側バリスターが冒頭陳述を行い、証拠調べを進める。被告人側バリスターは、検察官の立証を待ち、それが終わった段階で立証不十分を理由に陪審に無罪評決をするように命令することを裁判官に申し立てることができる。
　　これが認められなかった場合、被告人側の反証を行う。

ローカル・コートにおける事件処理——簡易処理犯罪

　犯罪の90％は、いわゆる簡易処理犯罪であって、ローカル・コートにおいて処理されている。マジストレイトが管轄する。陪審裁判は行われない。被告人が弁護人の弁護を受けることなく終局することも少なくない。

上訴

○管轄——NSW州では、ディストリクト・コートおよび州最高裁一審管轄部の判決に対しては、州最高裁の上訴部に上訴することができる。
　ローカル・コートの判決に対しては、原則としてディストリクト・コートに上訴を申し立てる。
　　州最高裁上訴部の判決に対しては、連邦最高裁判所に上訴を申し立てることができる。
○上訴理由——州最高裁上訴部に上訴できる理由は、法律問題である。ただし、裁判所が許可した場合にかぎり、事実問題のみまたは法律問題と事実問題をあわせて上訴理由とすることができる（Criminal Appeal Act 1912, §5）。

NSW州法と自白の証拠能力

渡辺 修

NSW州の自白の証拠能力について

　1995年証拠法（Evidence Act 1995）によると、自白の証拠能力については、次のように規定されている。
○84条では、暴力、抑圧、非人間的で品位を貶める言動、脅迫的言動によって自認が得られた場合、これを排除するものとする。
○86条(2)では、自認の真実性が損なわれるような影響を与える可能性が残らない情況のもとでこれがなされた場合には、証拠能力はないとする。本条では、当該自認の真実性の有無ではなく、捜査機関の言動に照らしたとき自認が虚偽であるおそれがあるかどうかを検討するものである（客観的基準による法適用）。
○90条では、自認が訴追機関によって誘導された場合、または、自認がなされた諸事情に照らしてこれを被告人に不利な証拠にすることが不公正である場合、裁判所は証拠能力を認めない裁量権限を認めている。

　〈参照〉*A. Ligertwood, Australian Evidence (4th.Ed., 2004, Butterworth), pp637-670
　　　　*J. Anderson, J. Hunter, N. Williams, The New Evidence Law (2002, Butterworth), pp258-292

資料：NSW州証拠法（Evidence Act 1995）

□84条　暴力その他の方法が影響している自認の排除
(1)　裁判所が、以下の事情によって自認または自認の再現が影響を受けていないと認容できなければ、自認を証拠として許容することはできない。
　(a)　暴力的、抑圧的、非人間的で、人格を貶める行動。自認をした本人を対象とするか第三者を対象とするかを問わない。
　(b)　同種の行為の脅迫
(2)　(1)項は、自認を不利益な証拠として提出された当事者が、自認またはその再現が上記のような影響を受けた旨訴訟中で申し立てた場合にかぎり適用がある。
□85条　刑事訴訟と被告人の自認の信用性

(1) 本条は、被告人が次の場合に行った自認について刑事訴訟上証拠として使われる場合にかぎり適用がある。
　(a)　正式の取調べの際
　(b)　被告人を訴追すべきか、訴追手続を継続するべきかに関する決定に影響を与えることができるその他の者の行為に応じてなされているとき
(2) 自認がなされた状況に照らして、自認の真実性が著しく損なわれている可能性がない場合でなければ、証拠として許容されない。
(3) (2)項では、裁判所は次の点を考慮しなければならない。ただし、裁判所が考慮できる事項は以下のものに限定されるものではない。
　(a)　自認をした者に関連性のある諸事情、性格、年齢、人柄、教育歴その他当人が有しているかそのように思われる精神的、知的または身体的な障害を含む。
　(b)　自認が取調べに対してなされた場合には、以下の事情
　　(i)　各質問の性質、各質問がなされた態様
　　(ii)　ならびに、脅迫、約束など被質問者に対してなされた誘惑の性質

□90条　証拠排除裁量権限
　刑事訴訟法上、裁判所は、次の場合には、自認を証拠として許容することを拒み、特定の事実を証明するために証拠を許容することを拒むことができる。
　(a)　証拠が訴追側の提出したものであって
　(b)　自認がなされた諸事情に照らすと、被告人に対して当該証拠を使うことが不公正である場合

自白の証拠能力に関する判例

　自白の証拠能力の要件立証上取調べの録音が必要的となっても、なお判例上自白の証拠能力の要件が争いとなる事例は少なくない。ただし、取調べの適法性自体が問題とされる事例はない。以下、何が争点となっているのか紹介する。

Joseph Plewvac (1995)84 A Crim R 570

　本控訴審は、一審の有罪判決（無期懲役）を破棄して、差戻しとし陪審再審理を命じた。
　被告人は、妻に対するガソリンを用いた焼身殺人(murder)で起訴された。妻は、搬送先の病院で死亡したものである。
　妻は、病院に搬送途中で救急隊員に、犯人は夫ではない、ただ、前に焼き殺

すと脅されたことはあると述べた。これは、「事実と供述の同時存在」原理（res gestae evidence）として証拠能力が認められた。

　これは、事実が進行中またはその直後に事実についてなされた供述は、事実との現在性・即時性があるので事実と一体と扱うことができるとし、伝聞禁止にあたらないとするルールである。

　被告人の録音取調べでは、警察官が犯人は夫ではないかとの嫌疑をぶつける質問をしたが、被告人はこれを否定している。妻が夫に脅迫を受けたとの供述に関する質問には、曖昧な答えをしており、有罪の自認といえる内容のものではなかった。

「あなたの夫とかボーイフレンドがやったのか」。
「いいえ」。
「やった男が誰がわかったか」。
「いいえ。でも私の夫がこのこととなにか関わりがある。彼は、前にこんなことをすると私を脅した（彼女はため息をついた）。私を焼くと」。

　この被害者と取調官の会話についてどこを証拠にすることができるかが問題となった。

　一審は、「彼は、前にこんなことをすると私を脅した」の部分を除き、ほかは、res gestae evidence原則によって証拠採用した。

　被告人側は妻の言葉全体が伝聞禁止にあたると主張したが、控訴審では、一審で除外された部分も含めて、この妻の言葉は、res gestae evidenceとして証拠能力があるとした。

　次に、一審裁判官は、陪審説示にあたり、やはり、「彼は、前にこんなことをすると私を脅した」という妻の言葉について、「彼とは夫をいうかどうか」、「そうであるとすれば、この主張は事実かどうか」を検討し、「合理的疑い」を超えると判断できるかどうかを決めることと指示した。

　被告人側はこれも不当と攻撃したが、控訴審は、伝聞供述部分は証拠として許容性がある以上、かかる説示には問題はないとする。

　むしろ、控訴審はこの説示は不当に被告人側に有利であるとする。そこで、本件では、誤解を与えないように、「私の夫が……前にこんなことをすると私を脅した」ととりまとめて説示で取り上げるべきであったとする。

　他方、被疑者取調べ段階で、捜査官は被疑者が事件に関与していると疑ってい

るのだが、どうかという発問をし、さらに、妻が病院搬送途中で夫である被疑者から前に脅迫されたことがあると述べたがどうかと発問し、それぞれに対する被疑者の応対が記録されている。

　被告人側は、控訴審で、前者について、捜査官の意見の開陳であり、これへの反応は被疑者の「自認」と認めるべき性質のものではないので、証拠能力はないと主張し、後者についても、被告人の応答自体が曖昧な内容であって「自認」として取り扱われるべきではないうえ、発問に証拠能力がない伝聞供述を含んでいるため、このやりとりを証拠とすると、伝聞禁止の潜脱になると主張した。

　控訴審は、被疑者取調べにおける警察官の発問と被疑者の応答（任意に答えた場合）について、黙秘権との関連での証拠能力と、関連性の点での証拠能力とを区別するルールが不分明であるため、混乱が生じているとして、ある程度これを整理する、とする。

　「１．警察は、質問に答える意思のある被疑者に対して捜査中取調べを実施できる。取調べには、警察が認識し確信しあるいは疑っている事実を示すことを含む。かくして被疑者がかかる事項について何を供述するのか、あるいは供述をしないのかを確認することができる。

　２．かかる発問は、公正でなければならない。また全体として、『脅迫、執拗な働きかけ（persistent importunity）、押しつけ、圧力を反復し不当に実施すること』になってはならない。

　３．警察は、被疑者がそれ以上の発問に応答する意思がないことを示したときには、取調べを執拗に実施してはならない。……ただし、被疑者が答えたくないと述べたこと、それ以上の質問には答えないと述べたことだけで、現に被疑者が後の質問に供述した場合にこれらの証拠能力がなくなるものではない。質問それ自体として公正かつ適切であり他の点でも許容性が認められればよい。

　４．被疑者のなした応答は、関連性があれば証拠となる。（したがって質問も証拠能力がある）。関連性がなければ証拠能力はない。

　５．答え（およびこれを引き出した発問）は、自認である場合、有罪を認めるものとみなすことができる場合、有罪の証明に関連する事実を認める場合には、証拠能力がある。

　６．答えが曖昧なところを残すことなく自認とみることはできないが、そのようにみなすことができるものであるとき、自認とみるかどうかは陪審が判断すべ

き事項である。裁判官の裁量によって、取調べの質疑を証拠として許容することができるが、その場合には、陪審に対して、かかる答えを関連性のある自認にあたるものかどうかを決めるのは陪審に委ねられた問題であることを明確かつ完全に説明しなければならない。

7．自認とみなすことができない答えは、文面それ自体として関連性がないので、許容性はない。

8．しかし、かかる種類の答えであっても、一定の答えが自認に至るものとなり、あるいはそのようにみなされることがありうるようなものであるときであって、そうした取調べの部分に組み込まれている場合、許容性がある。質疑応答がそれ自体としては自認を含まないが、他の質疑応答を一定の文脈の中に位置づけるのに役に立っているときには許容性がある。さらに、被疑者取調べにあたり警察側に不適切な言動がないことを証明するためであれば許容性がある。

9．かかる状況のもとでは、正式事実審理を担当する裁判官は、関連性のある自認になる可能性がない質疑と応答について、偏見を与えるので排除すべきかどうかについても常に慎重に検討しなければならない。

10．問題となっている質疑と応答が、それ自体証明上の価値を有していないが、取調べの一部を形成している場合であって、当該取調べの文脈を構成する部分として一応の許容性が認められる場合、すでに他の証拠によって証明された事実または検察官が取調べ請求を予定している他の証拠によって後に証明されることが明らかな事実を伝聞の形態で陪審に提示することとなったとしても、偏見を与える効果は最小限度である。したがって排除するまでもない。

11．しかし、検察官が立証できる立場にない事項ないし証拠として許容性のない事項について伝聞形態でなされている叙述を含む質問がなされている場合であり、これへの応答が尋問者の主張する事項の自認に至るものではありえないとき、供述された事項の性質と公判における争点との関連性にもよるが、非常に重大な偏見が生じうる。その結果、証拠排除がなされることもありうる。その場合（文脈によっては、許容性のある資料と許容性のない資料が不可分に絡み合っていることとなるので）、検察側にとっては許容性があり証明力もある証拠を奪われることとなることもありうる」。

問題になったのは、一審における被疑者取調べを行った警察官の証言である。
検察側が尋問した。

「『ジョセフ、私は前に述べたように、あなたが彼女のやけどを今日引き起こし、その結果彼女は死亡したと信ずる理由があるのだが、これについてはどう思う』と聞いたのですか」。

「そのとおりです」。

「反応はどうでしたか」。

「彼は次のように述べました。『自分はやっていない。娘は無事か』。私は、『はい、娘は大丈夫です。彼女はきちんと保護されています』と答えました。彼は、『よかった』と述べました。私は、『君の妻がウエストミード病院に運ばれる途中救急車の中で、救急隊員に話をしている。彼女の言うには、君が前に脅迫をしたことがある、というのだが、本当か』と尋ねました。彼は、泣きながら述べました。『今日はやっていない』」。

控訴審は、ここでの被疑者供述部分は許容性がないと判断した。

警察官が被告人を犯人と疑うと述べて、これを否定する被告人の供述を引き出している部分は、許容性がない。証拠上の根拠のない警察官の疑義を被疑者に提示し、被疑者がこれを拒む供述をしている場合、証拠として許容すべきではない。

被害者が救急隊員に述べた言葉を引用する警察官の質問に対する、被告人の曖昧な内容の供述については、上記第8原則に従っても許容性を認めることはできない。

その結果、陪審は偏見を抱くおそれのある証拠によって有罪判断をしているので、判決は破棄されるべきである。

Clarke 97A Crim R 414(1997)

被告人は、武装強盗罪と逮捕妨害罪で起訴された。一審の有罪判決に対して、被告人が控訴した。

事件は、郵便局付設店舗に強盗が入ったものである。被告人（女性）がその1人として逮捕された。控訴理由の1つとして、被告人側は、一審の裁判官が被疑者取調べの録音記録を証拠から排除しなかったことを掲げた。

要するに、被告人は当初取調べに対して録音には同意した。しかし、取調官が郵便局での武装強盗については話をするつもりはないのかと確認をしたところ、被告人は「はい」と答えた。しかし、警察官は、警察が所持していたライフルを

捨てるように現場で警察官が指示したのに従わなかった理由を問い質した。逮捕妨害罪に関連する取調べであった。被告人は、「ライフルを発砲したが、それは自傷をしようとしていたものだ」と説明した。

武装強盗について、被告人はコメントするつもりはないと述べており、取調べ警察官もこの点を確認したうえでなお発問をした。しかし、武装強盗に関してはコメントはしないと拒んだ。

発見されたライフルは青色のジャケットにくるまれていたかどうかの発問と、ライフルは誰から受け取ったのかについての発問につき、被告人は前者を肯定し、後者については、「いいや。まずジョージに話をしたい」と答えた。

控訴審では、被告人側は、黙秘権行使の意思表示を事前に行なったのに、取調べを継続したことを問題とする。

控訴審は、執拗な取調べが得られた供述を証拠にすることが不公正となる程度に至ることは認めつつも、本件ではそうした態様の取調べではないとして、この主張を退けた。

オーストラリアの他の州で、弁護人の立会を求めたとき、これが実現できるまで取調べを中止するものとする運用が確立しているところもある。もっとも、連邦最高裁は、かかる実務規程違反があったとき、直ちに供述の証拠能力がなくなるものではないとしている。

他方、NSW州では、自認のなされた状況に照らしてその真実性に有害な影響がある可能性が高いかどうかを諸事情から判断することを認める証拠法規定があるので（Evidence Act 1995 §85(3)）、その適用上解釈として、本件取調べが適法かどうかを検討すれば足りるとし、これを肯定した。

「警察官は、被疑者から得られたものであれ何であれ、犯罪に関連する事実について解明する義務を負っている。取調べに対して最初になされた応答をそのまま受け入れなければならないものではない。取調べを継続実施したことだけでは不適切と評価されるべきではない。継続性が得られた応答を証拠とすることが不公正なものにする一線を超えているかどうかであって、程度問題である。脅迫がうかがわれたり、継続的に執拗に迫ったり、押しつけあるいは圧力をかけ続けたり不適切にこれらを実施する場合には、証拠は排除されざるをえないことは明白である」（97A Crim R420）。

Horton(1998)104 A Crim R 306

　当時の犯罪法424条Aは、録音テープのない自認は証拠にすることができないと定めていたが、この自認が何を意味するかが問題となった。
　本件被告人は酩酊中に口論の相手をナイフで刺したものであるが、謀殺（murder）で起訴された。被告人は事件当時酩酊しており故意はないと主張した。検察側は、故意を示す証拠として、事件直後に通報によって現場に駆けつけた警察官が何があったのか尋ねたのに対して、被告人が「彼はナイフの上に倒れた」と答えた事実を証拠とした。ただし、この会話は録音がなされていない。
　逮捕後、警察署で録音付きの取調べを受けたがその際にはそう述べたこと自体を認めず、酩酊のため何も覚えていないという。ただ、口論中に相手を刺したと認めた。
　検察官は、この供述を、嘘を述べていること（供述の真偽）を立証するために用いているのではなく、警察官の質問に対して、刺殺の事実の直近の時点で、被告人が事柄を認識したうえで応答していること、酩酊が被告人の精神状態に大きな影響を与えるほどではないことを示すために証拠とした。一審の陪審は被告人を有罪とした。
　当時の法律では、被告人の供述が自認にあたる場合、証拠法上録音・録画がなされているか、それがなされていないことについて相当の理由がないかぎり証拠にすることはできないとされている。また、現場での供述は後に録音または録画された取調べ時に再確認されていなければならない。
　一審裁判官は、自認であることを認めつつ、現場で録音がなされなかったことに正当な理由があるとした。結果は、有罪であった。
　被告人は、有罪判決に対して控訴を申し立てたが、理由は、自認を排除すべきであったとするものである。自認は録音がなされておらず、その正当性がないとするものである。
　これに対して、検察側は、もともと本件の供述は犯罪法424条Aでいう自認にはあたらないので、証拠にしたことには問題がないとするものであった。
　控訴審は、検察側の主張を退けて、かかる供述も自認に含めると解釈し、かつ本件の場合にはこれに証拠能力を認めたことは誤りであると判断した。
　その理由の1つとして、それまで自白などの供述の証拠能力について、犯罪法410条は「検察官または権限を有する者が、その身分を偽り、あるいは脅迫また

は約束を示したうえでなされた自白、自認または供述は証拠とすることはできない」と定めていた。424条Aは、この趣旨を受けて制定されている。したがって、ここで「供述」という広い表現も含まれていることに注目しなければならないとする。

また、控訴審は、1986年の公訴庁の刑法改正調査報告が示した下記の目的を実現するために、すでにNSW州の警察が被疑者取調べの録音システムを導入していたことをも考慮して、かかる録音を求めるべき自認の範囲を解釈しなければならないとする。

「1．警察が拘束している被疑者の行う供述の正確な記録を裁判所に提供すること。

2．警察の取調べの際の言動・内容に関する争いを客観的に解決する手段を提供すること。

3．取調べの前、最中、後に警察官が不適切な措置をとることを抑止ないし予防すること。

4．警察が不適切な言動があったとする不当かつ虚偽の主張を抑止すること」。

最後に、本件供述は、検察官が被告人の酩酊の主張に対する反証として提出している点こそ重要であり、かかる形で証拠として利用する以上は、被告人に不利益なものとなり、自認と扱うべきであるとする。

その場合、録音のない自認にあたりこれを証拠とすることはできない。ただし、これを除外してもほかに疑わしい証拠があるので、陪審が当然に故意について「合理的疑い」を持つものとは判断できない。そこで、有罪判決を破棄して差戻しのうえ、再度陪審の判断を受けるべきものである。

R v Swaffield; Pavic v R [1998] HCA1(20 Jan. 1998)

2件の有罪判決に対する上告審判決である。

警察官が民間人を装い、または捜査に協力する民間人が、被告人と会話を行いこれを秘密に録音した場合、秘密録音された供述を証拠にすることが「公正さに基づく証拠排除の裁量権限」の発動を求めるものであったかどうかが問題となった。

Swaffield事件の被告人は、住居侵入、住居侵入窃盗、犯罪と放火目的の住居侵入の3つの訴因で起訴された。

薬物販売の容疑もあったので、秘密捜査官が売人になって被告人と会話をしたところ、被告人は放火への関与を認める供述をした。これらは同意なく録音されていた。
　一審では秘密録音会話は証拠として許容されて、有罪評決となった。被告人は、放火罪についてのみ控訴した。秘密捜査官に対する供述を証拠としたことが黙秘権を侵害するとするものである。控訴審は、この理由を容れて有罪判決を破棄して無罪判決を言い渡した。検察側が控訴したが、結局、上告審はこれを棄却した。
　Pavic事件では、殺人の嫌疑を受けた被告人に対して、一度取調べを実施したがソリシターの助言に従い被告人は黙秘した。このため釈放されている。
　その後、遺体が発見された川からさらに血のついたタオルと服が発見された。服について被告人の親しい友人であるClancyは、この服を被告人の車の中に置いてきたと捜査機関に説明していた。被告人は服がなくなったと言い、代金として50ドルを渡したという。
　そこで、捜査機関はClancyに協力を依頼して、録音装置を身につけさせて被告人と会話をさせた。
　Clancyは、警察が血のついたままの被告人の服を発見したことを語り、これに対して、被告人はいくつか自己負罪的な供述をした。一審で被告人は有罪となり、控訴したが棄却された。上告審も、上告を棄却している。
　上告審は、結論としては、Swaffield事件では自白を排除した控訴審判決を維持し、Pavic事件では自白の許容性を維持している。かかる結論に至る前提として、これまでに自白の証拠能力について、判例上いくつかの排除の原理が確立しているので、これを整理した。それぞれの原理に照らしてみたときに、本件が2件とも自白を排除すべき場合にあたるかどうかを検討したものである。
　まず、「不任意自白の原理」である。自白は自白者の意思が抑圧された状況でなされたとき、信用性がない可能性があるので証拠から排除する、とするものである。この場合、裁判所は、現に自白が信用できるかどうかを審査するのではなく、自白者の意思が抑圧されたといえるような働きかけがあったかどうかを審査する。
　次に、「公正性原理」——裁量によって不公正さを伴う自白を排除する原理——である。
　取調べにあたる警察官の言動自体を問題として、被告人を公正に処遇しつつ取

調べがなされていたかどうかを評価する。

　違法ないし不適切な方法によって自白が得られたときには、裁判所はその裁量権限によって自白を排除し、警察官から違法不当な活動の成果を奪うことができる。したがって、任意かつ信用性がある自白であっても、公正性を害する方法で得られている場合には排除の対象となる。

　さらに、「公共政策原理」がある。裁量によって公共政策実現を根拠に自白を排除する原理をいう。

　犯人を処罰する公共政策と、法執行のあり方を規制する必要性という公共政策を衡量し、後者を重視して自白を排除することができる。

　公正性原理と公共政策原理は、取調べのあり方について、被告人に対する処遇の公正性の観点から見るか、取調べのあり方自体の適法性として見るかであって両者は競合する。

　ただ、公正性原理は、自白の信用性に疑いを生じさせる警察官の言動があるときにこれを証拠とすることが当該被告人に対する公正性を害するものとならないかを問題とするものである。他方、公共政策原理は、自白自体としては任意であり信用性の疑いはないが、なお自白を得た警察官の働きかけの態様に照らしてこれを排除すべきかどうかを検討するものである。

　したがって、当該被告人に対する取調べのありようとして不公正とまではいえないが、取調べ一般のあり方として規制を要するので自白を排除することを求めるものであり、観念的には適用場面にずれがある。

　取調べの際の警察官の言動が、法律または公共政策に違反する場合には、自白の任意性、信用性の疑いは欠如している場合であっても、これを排除することとなる。たとえば、違法な自由拘束中の自白がこれにあたる。

　最後に、「不当に偏見を生む証拠の排除」の原理がある。当該事件に関する事実の証明力は小さいのに、不適切な偏見を生じる可能性が相当高い場合には、証拠を排除すべきである。この原理によっても、自白を排除するべき場合がある。

　以上の諸原理に照らして本件2事件の自白を排除すべきかどうか検討する。

　秘密捜査官に対する被告人の自白は、それ自体としては任意性に疑問は生じるものではなく、信用性の疑いもないが、捜査の性質上自白を得る前に権利告知はなされていない。そこで公共政策原理によって検討する。

　薬物事犯捜査の限度で、おとり捜査を実施するのは適正性に疑義を生じない。

しかし、捜査官は、薬物事犯捜査を超えて、放火事件についても事情を聞き、被告人は自己負罪的供述をした。
　公共政策に照らすと、捜査機関は、糺問的な機能に課されている制約を潜脱するための捜査手法を用いるべきではない。Swaffield事件控訴審は、この政策を重視したものであるが、上告審としてかかる政策判断自体が法原理に反すると見るべき余地がない以上その判断を尊重する。
　Pavic事件について、秘密録音をしたのは私人であり、捜査機関が私人にかかる協力の同意を求めることに問題はない。重大な犯罪が起きその被疑者がいる以上、事案を解明して証拠を保全するのにとられた本件手段として、適法である。被告人が友人を信頼できるとみたのは、自白の信用性を裏づけることにもなる。かかる自白を排除することによって実現できる公共政策はない。

COLUMN　NSW州刑事裁判傍聴記

　今回の調査は、2004年11月15日（月曜日）に始まり19日（金曜日）まで実質5日であったが、連日朝から夕方まで公訴庁の事務所に詰めてレクチャーを受けていた。このため、裁判傍聴を行う時間を割くことができなかった。ただ、幸い、われわれが研修を受けた公訴庁の事務所（別の場所にもオフィスがある）がダウニング・センター（Downing Centre）と呼ばれるローカル・コート、ディストリクト・コート併設の裁判所建物のすぐ隣であったので、公訴庁でのレクチャーの昼休みの時間帯を利用して、法廷の雰囲気を見ておくことはできた。また、調査最終日の11月19日については午前中に研修プログラムを終了し、午後は州最高裁の傍聴に時間をあてることができた。
　傍聴をした裁判所は次の3カ所である。
　①ダウニング・センター（ローカル・コートとディストリクト・コート）
　②中央警察裁判所（Central Police Court：ローカル・コート）
　③最高裁判所（Supreme Court, Court Room #11）
　ちなみに、シドニー市の主たる裁判所であるダウニング・センターは、もとはデパートであった。これを州が買い取って裁判所にしたという。しかし、建物自体が歴史的遺産であるため、外壁や内装についてもそのままの姿を基本的にとどめている。

□ダウニング・センター（11月17日）
　まず2階にある陪審裁判所の法廷でディストリクト・コートが扱う刑事事件を傍聴した。
　交通事故に関する刑事事件である。オーストラリアの法廷では、被告人席を「ドック（dock）」と呼ぶ。被告人が運転中に交通事故を起こし、母子2名に傷害を負わせたものである。被害者らを病院に運んだ救急車の隊員の証人尋問が行われていた。現場に臨場したときの状況などを説明していたが、時間がなく途中で退廷した。

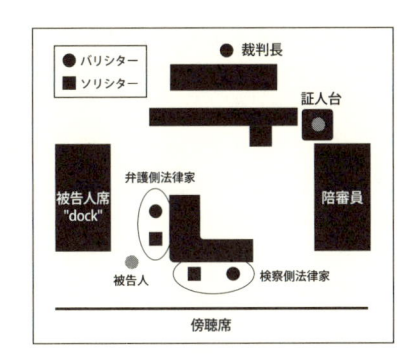

次に、5階のローカル・コートが扱う事件を傍聴した。薬物事件であった。被告人はリハビリテーションを受けるための保釈中である。その期間延長の当否を判断する手続であった。裁判所は、3ヶ月間の期間延長を認め、2005年2月に再召喚することと決定された。なお、マジストレイトは、法服を身につけていない。通常の背広・ネクタイ姿である。ソリシターも法服は着用しない。また、マジストレイト・コートは、法廷では、"Your Worship"と呼ばれる（ディストリクト・コートの裁判官は、"Your Honour"と呼ばれる）。

□中央警察裁判所（11月18日）

　古くはディストリクト・コートとして使われていたが、法廷の数も少なく、今は古風な建物のままローカル・コートとして使われている。
　法廷も古典的なマジストレイト・コートの仕様をそのまま留めている。法廷の中央には鉄柵で囲んだ文字どおり「檻」のような被告人席がある。あたかも動物園のライオンのように檻に入れられた男女2人の被告人を鉄柵越しに2名の看守が見守る。
　途中で入廷したので事件の詳細は不明であったが、警察官が証人尋問を受けていた。捜索・差押えの執行場面がすべて臨場した警察官が携帯するビデオカメラに収められていることなど、証拠物押収の手続について説明をしていた。男女2人の被告人には、それぞれソリシターがついている。警察官の証人尋問が続くなか、休憩が宣告された。午後の公訴庁のセッションに出席するため後ろ髪を引かれながら法廷を出ることとした。

□最高裁判所第5法廷（11月19日）

　以上は単独での裁判傍聴であったが、州最高裁には公訴庁での取材を終えた後、調査団全員で足を運んだ。
　シドニー市の中央にはハイドパークがある。その南端の東側に上記のダウニング・センターが位置する。そして、公園の北側には州最高裁判所がある。背の高い現代的ビルである。その州最高裁には、重大事件を一審として管轄する裁判部も所属する。むろん陪審審理がなされる。傍聴に足を運んだのが金曜日の午後であったため、事件リストを見ても事件はほぼ終了していたが、午後に1件量刑手続が予定されていた。また、インフォメーションで事情を説明して調べてもらうと、午前中に予定されていた事件でまだ係属中のものが

あるという。ともに同じ第5法廷である。この法廷は、メインビルと別棟になっている。公園の敷地内に古風な石造りの建物があるのがそれだ。さっそく出かけてみる。

　ハイドパークの北東の角にある州最高裁の第5法廷に入る。幸いなことに、午前中の陪審裁判がなお継続中であり、われわれ調査団が入廷したとき、ちょうど陪審員が評議から戻るところであった。評決の結果が記載された書面が廷吏を通して裁判長に渡された。裁判長と陪審員議長の間で質疑が交わされる。評議が適式になされたかどうか確認する。そして、結果を宣言する。「有罪」。

　さて、この事件は偶然事件リストで見つけただけのことであったが、翌朝の新聞で大きく取り上げられていた。

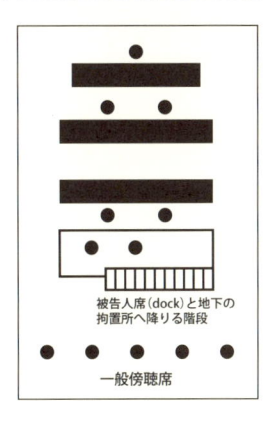

　どうもここNSW州では注目の事件であったようだ。新聞によると、不動産取引で著名な被告人リブキン氏がカンタス航空の社長にマンション販売の説明に赴いていたとき、カンタス航空とインパルス航空の合併話を小耳に挟んだらしい。これを利用してカンタス航空の株を購入し相当の利益を得た。これがインサイダー取引にあたるとして起訴されたものだ。

　被告人には前年にも同種裁判があったらしい。裁判長は、「リブキン氏に対する前の公判で何があったのか知っていることがあってもすべて心の中から追い出してください」と陪審員に説明したという。

　陪審審理には10日を要したという。そして、今日の評決の間に午前中から3時間30分の評議が持たれたという。有罪評決について、オーストラリア証券投資委員会委員長は「インサイダー取引は重大な犯罪だ。今日の裁判の結果は、秘密情報を使って個人的な儲けをしようと考えている人に対する警告になる」と談話を発表している。

　さて、裁判長は、有罪の評決を終えた陪審員に労いの言葉をかけた。「陪審の仕事は、正義の実現に不可欠のものです。皆さん方がこうして時間を費やしてくれたことについて、コミュニティーに代わり御礼を申し上げます」。

　陪審員が退席した。引き続き、量刑手続が始まった。被告人側のバリスターは用意していた量刑のための陳述を始める。実刑は不相当とするものだ。手続は次回12月17日に継続することとなったが、報道によると、被告人は週末拘禁6月程度に処されると予想されているようだ。

（渡辺・記）

被告人席(dock)と地下の拘置所へ降りる階段

一般傍聴席

COLUMN　量刑手続と証人保護官

　法廷に一歩足を踏み入れて、ほぅ、と思わずため息をついた。驚くほど天井が高くて広い。傍聴席から見て左手、陪審席の近くの壁に並ぶ大きな窓からは、穏やかな陽光が差し込んで美しい木目の内装を照らし出している。いかにも閉じられた空間である日本の法廷を見慣れている目には新鮮だ。傍聴席は法廷最後部に2列用意されていたが、われわれ調査団が座るとほぼ満席となった。法学部の学生らしい若者たち、弁護士事務所派遣とおぼしきスーツ姿の女性、そして目を引いたのは事件関係者らしき数人だった。思い詰めたような目をして、ときおり小声で何やら言葉を交わしている。その一種張りつめた空気は、日本もオーストラリアも変わらない。
　裁判官席は傍聴席とはちょうど反対側の端、法廷正面中央の少し高い段の上に設けられている。合議事件らしく3名の裁判官がすでに着席していた。裁判官席から一段下がった場所にはアソシエイツらが席を占める。そして、その1つ手前の長机の列はバリスター用だ。この事件のバリスターは、検察側・被告人側共に1名ずつ。ともに黒い法衣と特徴的な鬘を着けて、事件の最後の準備に余念がない。
　傍聴席から見て右手に被告人席、左手に陪審員席がある。陪審員席と裁判官席の間の小さな机は証人席だ。長机の被告人席に近いほうに被告人側バリスターが着席し、陪審員席に近いほうに検察側バリスターが着席する。ソリシターなどはバリスターの背後の机を使う。裁判長の前、被告人席、陪審員席に1本ずつ、そしてバリスター席に4本のマイクが置かれている。
　傍聴席から見て左手の壁、すなわち被告人席の斜め正面の壁の上部に大きなモニターが設置されている。バリスター席の前に据え付けられているのが、画像を映し出すための機器だ。
　傍聴人の囁き声がやんだと思ったら、60歳がらみの被告人（男性）が看守1名とともに、被告人席内の、地下とつながっている専用階段を使って姿を現した。これは起訴後も保釈が認められなかったことを意味する。ちなみに本件は、被告人が22名の目撃者の眼前で5名の胸を刺し、死亡者を出したというものである。殺意の有無が争点となり、被告人側は本件を激情による犯罪であると主張してきた。なお、被告人には傷害の前科がある。
　被告人が着席したのを確認すると、まず裁判長が口火を切った。「保護観察局から提出された宣告前報告書については、すでに目を通しました。双方、何か提出書面があればどうぞ」とバリスターたちに呼びかける。裁判長の促しに応じて、検察側バリスターが被害者意見陳述書（ヴィクティム・インパクト・ステートメント）を提出した。渡された裁判長はじっくり時間をかけて書面を検討する。裁判長が読み終わったところで、検察側バリス

ターがビデオ証拠についての意見を述べる。続いて被告人側バリスターが立ち上がり、被告人の妻の尋問を請求した。

　日々の生活に疲れ切った風情を全身から漂わせた妻が、宣誓に続いて証言する。「そうです、そこにいるのは私の夫です」、「夫との間には子どもは4人おります。ええ、子どもたちは全員成人して結婚しています」、「いいえ、今は夫とは同居していません。別居中です」と、背中を丸め下を向いたまま質問に答えていく。「反対尋問は結構です」と検察側バリスターが静かに告げると、妻は被告人から少し顔を背けるようにしながら傍聴席に戻っていった。証言する妻をじっと見つめていた被告人と対照的に、妻は最後まで被告人席に目をやることはなかった。

公訴庁の証人支援官ドッド氏（IV部4参照）

　その後、被告人側バリスターは、被告人がこの事件後反省していることを示す証拠を提出し、また被告人が警察に対し進んで事件解明のために協力したと強調した。被告人は被害者や遺族に対しても積極的に謝罪の意思を表明している。「被告人は深く反省しています。賠償金を支払うことも考えています」、「被害者の死亡は、確かに被告人のナイフが心臓を貫いたためにもたらされました。しかしそれでも、犯行当時の状況や被告人の性格、そして先ほどの証言でおわかりのように、被告人には大切な妻や子どもたちがいるのです。これらの点に鑑みれば、殺意が存在したという検察側の主張には疑問があります」と、畳みかける。

　しかし、これに対しては検察側バリスターがすかさず応答した。被告人は反省しているというが、それが純粋な反省かは疑わしい。被告人側は本件を激情により惹起されたと主張するが、被告人には傷害の前科があるではないか。

　「被告人は常に激情しているということなのでしょうか。いいえ、これは激情犯などではありません。被告人には殺意があったのです。死体の写真を見ればそのことは明らかではないでしょうか」と、皮肉な調子で反駁する。

　ここで裁判長が、被告人の従前の供述に言及した。被告人はその中で、ナイフは被害者を脅すために突きつけたのであり、殺すつもりはなかったと述べていた。裁判長が、「検察官、この被告人の供述についてどう考えますか」と検察官に意見を求めた。検察側バリスターは、すぐに「しかし被告人は本件においてアクティブ（能動的）に振る舞っておりました」と切り返す。

　眼前で繰り広げられるやりとりに、私はふと既視感を覚える。言葉こそ英語だが、その

Column　量刑手続と証人保護官

テンポといい、バリスターたちの声の調子といい、それらはいつの間にかこの耳に馴染んでしまった日本の法廷での法律家同士のやりとりととてもよく似ている。緊張とリラックスがないまぜになったその独特の調子を、私はよそで聞いたためしがない。法律家たちにとっての法廷という場が、時に火花を散らして闘う戦場であると同時に、そこで起きる何もかもを熟知しているという意味で、もっとも親しみの持てる場所だからなのだろうか。

思いついて被告人に目をやると、被告人は身動きせずにじっと耳を澄ませている。しかしその横顔はいかにも所在なげで、この状況が被告人の人生にとって、いかに非日常的なものであるかを痛感する。

その後裁判長は、ひととおり意見交換は終わったと判断したのか、被告人側・検察側バリスターに向かい、こう述べた。

「量刑を考える際、殺意の有無は重要な問題です。したがって、これについて検討してから両当事者に量刑について告げることとします。その際は告知書を両当事者に送付しますが、刑の宣告までは被告人の勾留を継続します」。

そして、閉廷を宣言した。被告人は再び被告人席内の階段を使って地下へと消えていった。

次にいつ訪れられるかわからない法廷を目に焼きつけておくべく、他の傍聴人よりも少し遅れて廊下に出た。事件関係者だろうか、と最初に直感した人々は被告人の家族だったようだ。人目につかない廊下の端で、証人として出廷した妻を囲むようにして、静かにハンカチで顔を覆って泣いている。被害者ではないが、彼らもまた犯罪によって苦しみを受けている人々には違いない。

その傍聴席には、実は、被害者の関係者４名も座っていた。そして、その隣に16日午前中レクチャーを受けた証人支援サービス担当官・ローンダ・ドッド氏が付き添うように座っている姿があった。手続中にも折々小声で囁いているのは、手続の意味を伝えているのであろうか。審理の後に、公訴庁のバリスターと被害関係者らの間に入って手続の意味などの説明をしていたのも、彼女であった。裁判所を出てキングジョージ通りを一緒に歩んでいく彼女たち一行の姿が心に残った。被害者をケアするシステムが机上のものではなく、ごく日常的に法廷の内外で機能しているのを間近に見ることができた。

被告人にも被害者にも家族がいる。ともに苦しみ悲しんでいる。重たいものを胸に感じながら見上げると、シドニーのどこまでも高く青い空が広がっていた。　　　　（山田・記）

1 訴追、保釈、取調べ
——クレア・ジロット公訴庁ソリシター

□日時：2004年11月15日午前
□講師：クレア・ジロット氏
　　　　Claire Girotto, Deputy Solicitor, ODPP
□概要：同氏は公訴庁勤務のソリシターである。最初の講師として、オーストラリアの刑事司法システム全般について説明をした。

■公訴庁の組織と任務

　公訴庁は11の部署に分かれています。3部署がNSW州西部に置かれています。それぞれの部署にバリスターとソリシターが配置されています。ここシドニーには、60人のバリスターと約200人のソリシターが配置されています。

　NSW州全土に裁判所は置かれていますが、公訴庁の部署があるところは、とくに人口が多い場所です。シドニー地域とシドニー西部地域は最も人口が集中しています。州の人口約670万人中約300万人がこの地域に住んでいます。事件数でいうと、訴追が行われる刑事事件の3分の1がシドニー地域、3分の1がシドニー西部地域、残りの3分の1がその他のすべての地域の事件数合計、というふうになっています。

■犯罪の4分類と刑事手続

　オーストラリアでは、裁判所は3つのレベルの裁判所で構成されています。最も下のレベルの裁判所が、ローカル・コートです。NSW州全土に渡り、非常に多くのローカル・コートが存在します。犯罪に関していえば、すべてがローカル・コートから始まります。しかし、ローカル・コートは、非重大事件について

しか事件を終結させる権限を持っていません。2番目のレベルの裁判所が、ディストリクト・コートです。懲役25年以下の犯罪について判断する権限があります。その上が最高裁判所です。殺人事件や、非常に大規模な薬物密輸事件を扱います。

オーストラリアでは犯罪を4つの類型に分けています。最も下のレベルの類型の犯罪は、「簡易処理犯罪」と呼ばれています。この類型の犯罪は、ローカル・コートによってのみ審理されます。簡易処理犯罪の例としては、交通違反事件、盗品所持罪、少量の薬物所持罪などがあります。これらの犯罪については、公訴庁は関与いたしません。訴追は警察によっておこなわれます。

時に、重大犯罪と軽微な犯罪が同一機会に発生することがあります。たとえば銀行強盗を行った犯人が銀行から出たときに誰かを突き飛ばしたりした場合には、突き飛ばしたこと自体は非常に軽微な犯罪です。しかし全体的な視点から、そうした軽微な犯罪も銀行強盗という重大犯罪とともに私たちが訴追を行います。

下から2番目のレベルの類型の犯罪は、「別表2犯罪」と呼ばれています。この類型の犯罪は、ディストリクト・コートまたはローカル・コートで審理されます。どちらの裁判所で審理するかを選ぶのは訴追者です。傷害事件などがこの類型に含まれます。

たとえば、誰かに傷害を負わせて出血させたとします。その傷害の程度が軽くて、手の甲が切れて少し出血した場合と、胴体を刺して出血が多かった場合とでは、事件の重大性は異なります。そこで私たちは、どちらの裁判所で審理すべきかを選ぶのです。ローカル・コートではマジストレイトが審理を行い、そしてディストリクト・コートでは陪審が関与します。

こうした犯罪について、ローカル・コートで審理がなされる場合には量刑の上限は2年です。ディストリクト・コートならば上限は5年になります。ただし、1つの犯罪についてローカル・コートが宣告できる刑の上限は2年であると申し上げましたが、多くの余罪がある場合には、宣告できる刑の上限は5年になります。

NSW州における刑事事件の95～98％が、このローカル・コートで審理を終結する事件です。公訴庁が関与する事件は公判付託決定手続が6,300件、簡易訴追手続が33件程度です（ODPP Annual Reports 02/03）。

ディストリクト・コートとローカル・コートのどちらかで審理が行われる犯罪

類型については、事件の重大性のみで裁判所を選択します。

　オーストラリアでは捜査は警察だけが行い、私たちは捜査には関与しません。そして、ある者がある犯罪について訴追開始決定され、警察訴追官が捜査官から事件に関する書類を渡されて読んだときに、当該犯罪が「別表２犯罪」に該当するかもしれないと考えた場合には、その犯罪者の犯罪歴を確認しなくてはならないことになっています。そしてさらに、問題となっている特定事件の重大性を検討します。それらを総合的に勘案して、警察訴追官が、問題となっている特定事件の刑は２年を上回ることが妥当であると考えた場合には、当該事件は公訴庁に送られます。

　もし当該犯罪が有罪判決を受けたならば、どのくらいの刑が宣告される可能性があるだろうか、ということが問題となるのです。しかし、それで終わりではありません。決定権は警察ではなく私たち、検察官にあります。

　私たちが、過去の犯罪歴を勘案しても刑は２年を上回らないと判断した場合には、事件を戻し、私たちは当該事件を担当することはありません。ただし、子どもに対する性的暴行事件や、警察官が訴追開始決定を受けた事件は別です。そうした事件については、すべて私たちが担当することになっていますから。

　「別表２犯罪」の上に「別表１犯罪」という犯罪類型があります。「別表２犯罪」よりも重大な犯罪がこれに該当します。「別表１犯罪」の訴追は私たちが担当します。その理由は、宣告刑が２年を上回る見込みがあり、ディストリクト・コートで審理すべきであると考えられるからです。しかし一方で、弁護人から、「ローカル・コートではなく、陪審裁判を受けられるディストリクト・コートで審理を行なってほしい」という要望がある場合もあります。被告人側も審理を受ける裁判所を選択することができるのです。

　最後の類型としては、「別表１犯罪」よりももっと重大なカテゴリーの犯罪があります。この犯罪類型については、ディストリクト・コートか最高裁判所でしか審理を行うことが許されていません。この犯罪類型には、強盗、薬物の大量密売、多額の金銭がからむ重大詐欺等があります。

■捜査から訴追へ

　警察は、あらゆる事件について捜査し、訴追開始を行う責務を負っています。

ジロット氏と山田氏。研修風景

もし警察がある者の訴追開始を決定し、そして保釈しなかった場合には、警察は訴追開始決定された者を、訴追開始決定の当日または翌日に裁判所に出頭させなくてはいけません。翌日というのは、たとえば、夜の9時に訴追開始されたような場合です。裁判所は閉まっていて訴追開始当日に出頭はできませんから、そういう場合には翌日になります。そして裁判官が判断することになります。

　警察段階で訴追開始決定後に保釈された場合には、通常訴追開始決定から2週間後に裁判所に出頭するようにと書かれた告知書が渡され、出頭することになります。そして、できるだけ犯行現場に近い裁判所への出頭が要請されます。

　第1回目の裁判所への出頭の段階では、通常、証人からとられた供述調書はまだタイプ打ちされた書面になっていません。手書きの書面であるのが普通です。薬物の分析結果などは通常は書面化されています。

　第1回目の裁判所への出頭の目的は、裁判所に正式に保釈を認めるかどうかを判断させる点にあります。正式な保釈を認めるか否かの判断権を持っているのは裁判所です。裁判所によって保釈の条件が満たされているかが正式に判断されなくてはなりません。ですから、すでに警察が保釈しているような場合にも、裁判所が許可しない場合もありますし、逆に保釈を認める場合もあるのです。この段階で保釈が認められなかった場合には、被告人は最高裁判所に対して、当該決定を再審査するよう申し立てることができます。

　訴追開始決定されてローカル・コートに出頭してから正式事実審理の第1回期日までの期間は、平均7ヶ月程度となっています。その間に警察は証拠を集めます。第1回期日までの期間が長引く原因としては、DNA鑑定や薬物分析の遅れなどがあります。それらを行なう研究所の人員不足ということがあるからです。

　いったん警察がすべての証拠や証人の供述調書を公訴庁に送ると、私たちは事件を検討します。信頼できる証拠に基づいて訴追開始決定が行われたかどうかを検討するのです。そして私たちは、送られてきた証拠だけに基づいて訴追をした

場合、有罪の合理的見込みがあるか否かについて決定しなくてはなりません。単に犯罪の構成要件が満たされているというだけではいけません。それが最初の篩い分け（screening）の手続です。そして事件に関する交渉（negotiation）が始まります。

公訴庁の法律家は、警察および被害者がいる犯罪においては、被害者の同意があれば、訴追開始決定に関して考慮する権限を持っています。そして、有罪とするだけの証拠がある場合には、ローカル・コートの段階で弁護人と交渉して、早い段階で有罪答弁をさせようと試みます。もし早期に有罪答弁がなされたならば、最大30％まで刑を減軽することが可能となるのです。

もしも交渉がまったく行われないと、公判付託審理に入ります。公判付託審理では、マジストレイトによって、正式事実審理にかけるだけの証拠が存在するか否かが判断されるのです。

「別表１犯罪」と「別表２犯罪」の話に戻りますが、これらの類型の犯罪は、ディストリクト・コートで事実審理が行われる可能性があります。私たちが交渉をして有罪答弁が行われれば、これらの犯罪はローカル・コートで裁判官による審理を受けることになります。もしもローカル・コートで審理を受けることになれば、刑の上限は２年です。そういう交渉を行っています。

■公判付託審理と検察官の事件準備

この手続では、私たちが提出した証拠をマジストレイトが検討して、陪審審理にかけるだけの証拠が揃っているかを判断します。もし証拠が不十分であれば、事件はそこで終わりになります。しかし、公訴庁の長であるカウデリー氏は、公判付託審理で落とされた事件を、陪審による正式事実審理にかける権限を持っています。というのも、マジストレイトというものは、多くの過ちを犯すからです。

検察官が証人から直接的に話を聞くことはあります。しかし注意していただきたいのは、私たちがそれらの人々と話をするのは、彼らが供述調書を作成した後です。供述調書を作成する前には、警察が取調べを行います。私たちがする話の内容は、公判手続がどうなっているかの説明や彼らの予想される証言についてです。

検察官が十分な証拠があるか否かを判断するときに、証人と会うこともありま

す。しかし通常は、単に書類を読むだけです。書類を読んでいるときに、問題がある場合——たとえば、そこに書かれている内容がわからない場合には、私たちは警察に電話して「もう一度この証人と会う必要がありますね。そして証人が言った言葉が何を意味しているかを確認してください」と言います。

　公判に証人が出廷したときには、私たちは常に証人と会って話合いを持ちます。ただしそれは当該証人が重要証人の場合であって、そうではない証人の場合には、私たちは話す必要性を感じません。

　私たちには、事件に関連性を有するあらゆることを、被告人側に告げる義務があります。ですから、私たちが誰か証人と話をして、その結果さらなる証拠が得られたならば、私たちはそれを被告人側に告げなくてはならないのです。

　警察から提出された証拠の問題点を克服するためにさらなる捜査をして証拠を集める、と先ほど申し上げました。この期間、事件はローカル・コートに係属しています。その後、公判付託審理に移行します。この手続で、マジストレイトは事件を陪審による正式事実審理にかけるだけの十分な証拠があるかを判断するのです。

　公判付託審理が終わってから、新しい証拠を使用することは困難です。すべての証拠が、公判付託審理の時点で準備されていなくてはなりません。時には、この手続の後で私たちは新しい証拠を入手することがあります。しかしその場合には、当該証拠を使用する許可を裁判所から得なくてはならないのです。

　公判付託審理では、現在ほとんどの事件で、マジストレイトは書類を読むだけです。とくに弁護人から証人を呼ぶ必要性が主張され、マジストレイトがそれをもっともだと考えた場合に限って、4人とか、そのくらいの数の証人を出廷させます。それは、供述内容が変だとか、そういう場合です。ただし、性的暴行事件の被害者である子どもを証人として呼ぶことはできません。書類を読むだけの公判付託決定手続を「ペーパー・コミッタル（paper committal）」、そして証人を呼ぶ公判付託審理を「聴聞（hearing）」といいます。

　この手続で、マジストレイトは、それらの証拠に対する反証がなければ陪審は有罪評決を出すと思われるか否かを判断しなくてはなりません。そして「陪審は有罪評決を出すであろう」と判断した場合には、事件を、陪審による正式事実審理に付する決定を出します。

■ディストリクト・コートでの手続

　私たち公訴庁には、すべての証拠を法廷に提出する義務があります。それが私たちの果たすべき役割です。ある証拠が、被告人の無実を示す証拠であったとしても、私たちはそれを提出しなくてはなりません。私たちは公正でなくてはならないのです。

　ディストリクト・コートと最高裁判所の違いは、取り扱う事件の差です。被告人は公式に指定された日時に、裁判所に出頭しなくてはなりません。ディストリクト・コートや最高裁判所では、バリスターたちは特別な法衣を着て、鬘をつけて法廷に立ちます。ローカル・コートでは普通のスーツです。

　アレインメントは、被告人が初めて正式に有罪・無罪の答弁をする場です。被告人が有罪答弁をした場合には、別の期日が設定されて量刑手続に入ります。無罪答弁をした場合には、陪審による正式事実審理の期日が設定されます。

　このアレインメントまでの事件準備は、ソリシターによって行われます。そして、陪審による正式事実審理に移行すると、事件は、先ほど皆さんの前でお話ししたコンロン氏のようなバリスターの手に渡ります。

　バリスターは、陪審の前で弁論する専門家です。NSW州では、正式事実審理のほとんどは陪審裁判です。被告人が望めば、陪審なしの裁判官だけによって構成された裁判体による正式事実審理を受けることもできますが、それには検察官の同意が必要です。

　陪審員は、選挙人名簿から無作為選出されます。評決を出す陪審員の数は12人ですが、予備陪審員も含めて、1つの事件につき30人ほどがまず選出されます。選出にあたっては、氏名ではなく番号が書かれた紙がたくさん入っている箱が用意され、箱の中から紙を取り出し、そこに書かれた番号の人が陪審員になるという方法がとられます。両当事者は、それぞれ3人ずつ理由なし忌避をすることができます。

　最終的には忌避されなかった15人が、陪審員と予備陪審員となります。陪審の責務は被告人の有罪無罪を決定することです。事実認定に関しては、陪審がすべて決定します。

　事実認定に用いる証拠の証拠能力については、あらかじめ裁判官によって判断がなされます。有罪評決を出すには、合理的な疑いを超える程度の証明が必要と

されます。

　評決を出す陪審員は匿名とされます。有罪評決は全員一致でなくてはなりません。反対するものが1人でもいた場合には、評決不能陪審（hung jury）として、新しい陪審によってもう一度事実審理をやり直さなくてはなりません。

■保釈の要件

　一定の重大犯罪に関しては、犯罪の重大性に鑑みて、保釈を拒否すべきであるという推定が働きます〔編注：たとえば、Bail Act 1978, §9cは「例外的な事情がないかぎり、殺人罪については保釈は許されない」とする〕。

　しかし、再犯のおそれが存在したり、当該被告人がそれまで常に公判期日に出頭してこなかった経歴があるというような事情が存在しないかぎり、一般的に保釈は許可されます。

　被告人を保釈するという決定が出た場合には、手続はいったんそこで停止され、警察はその後の期間を、私たち公訴庁にさらなる証拠を送るための捜査に費やします。

　保釈申立判断の際に、証人が呼ばれることは非常に稀です。私が弁護人だとすると、私は警察から渡された書類を手にして、「ここには『昨日、被告人が手に凶器を持って血を浴びて立っていたのを逮捕した』と書かれているが、それは誤りである」と申し立てます。判断の場には、通常、訴追開始決定された事項が何かということと警察が捜査で得た情報の要約だけが提出されます。しかし証人の供述調書自体は、通常まだ提出されません。そこでは厳格な証明がなされるわけではなく、あくまで警察訴追官が証拠の状況を示すだけです。

　被告人が否認している場合には、それは検察側の主張を弱めることになります。しかし、たとえ否認していたとしても、大勢の目撃証人がいたら検察官側の主張は強いものとなります。ですから、すべてのことを考慮しなくてはなりません。自白があるか、証人はいるか、DNA鑑定の結果はどうか、指紋は一致するか、そうしたすべてを、最初の保釈判断を行うマジストレイトや、申立を受けた最高裁判所の裁判官は考慮します。そして、有罪となった場合にはどの程度の刑が科されるかを考慮するのです。

　たとえば組織犯罪に関して、ある者が警察に対して情報を提供し、それによっ

て他の者が逮捕されることもあります。もし仮に、ある被告人が証人威迫を行い、そのために威迫された証人が出廷しなかったり、供述を変える危険がある場合には、それは保釈拒否を考慮する理由の１つになります。しかし、被告人が否認していることのみをもって保釈を拒否するということは、決してありません。

　私は先ほど、保釈についての条文が存在すると申し上げました。裁判官は、保釈金として一定の金額を指定します。保釈金の額は様々です。本人がその保釈金を支払う場合もあれば、身元保証人が支払う場合もあります。また、保釈の条件もいろいろとあり、どんな条件でもつけることができます。たとえば、夜の７時から翌朝の７時まで外出してはいけないとか、警察に毎日報告に行かなくてはいけないとか、または同一の犯罪に関して訴追開始決定されている他の者と電話などで話をしてはいけないとか、そういう条件もつけることができます。そして、それらの条件のなかの１つでも守れなかったときには保釈が取り消されます。そして身体拘束を受けることになります。原則的にはそうなっています。

　オーストラリアの裁判官もいつでも保釈を認めるわけではありません。保釈を認められずに身体を拘束されている被告人はたくさんいます。シドニーの裁判所はだいたい50％の割合で保釈を認めていません。

■被疑者取調べと検察官

　オーストラリアでは、検察官は捜査を行いません。警察は捜査の結果得た証拠を検察官に提出し、それらを検察官が検討します。そして、必ずといっていいほどいつも、そこには問題があります。そして検察官は警察に対して、さらなる捜査をするよう要求します。今、私は「要求」という言葉を用いました。これは「命令」ではありません。しかし、警察は可能なかぎり最良の証拠を獲得することに関心を抱いています。したがって、私たちが要求すれば、警察は常に要求されたことをいたします。証拠に「穴」があると私たちが考え、そこを埋めるよう要求すると、常に、そのための捜査が行われるということです。ただし、私たちが要求したからといって、それを行う義務は警察には存在しません。もしも警察が私たちの要求に応えず、捜査をしなかった結果、証拠が不十分であった場合には、私たちはその事件を放棄します。

　ほとんどすべての事件で補充捜査が行われます。といいますのも、1990年代

に歴史的な、大規模な警察汚職事件があり、王立委員会による調査が行われて、多くの警察官が退職しました。そのために、警察が何をすべきか、仕事についてよく知らない警察官が多いのです。また、警察は法律家ではありません。したがって、すべての事件で私たち法律家は「穴」すなわち問題を見つけることになります。

ただし、被疑者の取調べはすでに済んでいますから、補充捜査は、その他の分野に関して行われます。もし、ある事件で共同被告人がいて、その者がすでに訴追開始決定されている場合には、他の被疑者を取り調べることはあります。しかし、訴追開始決定後に取り調べることはありません。訴追開始決定されていなければ、何回も取調べを実施することはありますが。

たとえば、先日発生した一家殺害事件〔編注：夫が、妻と3人の子どもの首を切って殺害した疑いで逮捕された。夫には保釈が認められた〕では、訴追開始前に6回の取調が行なわれました。しかし、いったん訴追開始決定されたら、その後は取調べはしません。

事件が発生したのは5月でした。被告人が訴追開始決定されたのは次の年の1月でした。しかし、これは普通ではありません。なぜなら、この事件で最初に検視を行った医師は、「妻が3人の子どもの首を切り、自殺した」という検視結果を出したからです。それで警察は多くの捜査を行わなくてはなりませんでした。血液鑑定その他の法医学的証拠を収集しなくてはいけなかったからです。

第1回目の取調べは事件発生の翌日にありました。その後は、しばらく捜査をして被告人を警察署に呼び取り調べて、またしばらく捜査をして被告人を再び取り調べる、というふうにしていました。被告人の話が、取調べのたびに変わったからです。ただし、訴追開始決定までの全期間にわたって取調べの機会が持たれたというわけではありません。6回の取調べが実施されたのは、1ヶ月程度の間でした。

取調べが行われたのは逮捕前です。もちろん訴追開始決定の前です。逮捕から訴追開始決定までは原則として4時間しかありません。

取調べは強制ではありません。この事件の被告人の同意があったからこそ、取調べが実施されたのです。誰でも、「私は取調べを受けたくありません。私には黙秘権が認められています」と主張することができます。そして通常、その言葉もまた、録音・録画されます。

警察が検察官に送付する証拠のうち被疑者取調べに関しては、通常はテープの

反訳書が送られてきます。もちろん私たちは、テープそのものを送るように要求することができます。そのときには、あとでテープが送られてきます。オリジナルのビデオテープは警察署に保管されているからです。

　しばしば私たちは、そうしたテープを入手しなければなりません。なぜなら、取調べですべきではない質問を取調官がしていることが多いからです。被告人に対して、あまりに偏見をもたらすようなものであると、それは証拠として許容されないからです。被告人は、できるかぎり早い段階で、警察から音声テープを渡されることになっています。

　罪を認めている事件でも私たちは常に反訳書を作成しています。時に、被疑者が取調べを受けること自体拒否する場合もあります。しかしそれでも、警察はその拒否したことを書面にします。私たちはその書面を用いませんが、というのも、その書面は証拠にならないからです。しかし警察はすべての取調べの反訳書を作成します。

　法廷で陪審は取調べのビデオを見ます。それと同時に、陪審が内容を理解できるように反訳書を渡します。ただ、陪審が見ているビデオの中身と反訳書が異なっている場合には、ビデオが証拠となります。反訳書は単なる理解の助けとして渡されるだけです。

　一般的には、反訳書ができるまでには14日程度ですが、もっと時間がかかることもあります。ただ、警察は取調べの要約を作りますから、内容はそれで知ることができます。取調官がその場で書き留めていますから、要約はその日のうちに読むことができます。被疑者が否認した、一部否認した、自白したというようなことがらはその要約の中に書かれています。

　オーストラリアでは、取調べ終了時に、当該取調べに関与していない警察官が入室して被疑者に対して質問をすることになっています。その質問の内容は、当該取調べに関して被疑者が何か言いたいことはないか、被疑者が任意で供述したか否か、取調べにあたって脅迫などはなかったかなどです。

　供述調書は、被疑者から作りたいという希望があった場合に作成することもあります。法廷でそうした手書きの供述調書を提出したいという被疑者もいるからです。そして、手書きの供述調書を作成している過程もすべて電磁的に記録化されます。要約や反訳書には、被疑者による署名は付されません。要約というものは、その取調べで何が起きたかに関する警察官の頭の中にある1つの「考え」です。

それが必ず正しいとはかぎりません。

　なお、ここNSW州では、ほとんどの人は取調べで自白をしないのです。もしその段階で自白をしているなら、先ほどお話しした弁護人と検察官の交渉によって、事件は非常に早期に終結してしまい、正式事実審理には行かないのです。

　私は検察官として15年過ごしてきました。その経験からいって、ほとんどの人は自白をしません。黙秘権を行使します。

2 司法取引、証拠開示
──リチャード・ラブラム公訴庁ソリシター

□日時：2004年11月15日午後
□講師：リチャード・ラブラム氏
　　　　Richard Labrum, Solicitor, ODPP
□概要：同氏は、ソリシターとして公訴庁に勤務し、下級審すなわちマジストレイト・コートで訴追を行う任務についている。同氏は、訴追開始決定の流れ、司法取引、その過程での証拠開示、故意の立証と被疑者取調べについて概観してくれた。

■「訴追開始決定」と訴追プロセスについて

　警察がある犯罪について被疑者を逮捕したのち訴追開始を決定する場合、「訴追開始決定書（charge sheet）」を作成します。「訴追開始決定書」を含む一件記録が公訴庁に送付されると、それを受理した私や私の同僚は、訴追プロセスを開始します。私たちは一件記録を検討し、証拠に関して警察を指導します。ここで強調しておきたいのは、オーストラリアでは、警察と私たち検察官では、その職務に際立った差異が存在するということです。公訴庁には実際上の捜査権限はありません。しかし、警察は常に、私たちに対して、有罪獲得に必要な証拠を収集するための支援を求めてきます。私たちは警察に対して、さらなる証人の取調べやさらなる法科学的証拠（forensic evidence）の収集について指導し、フォローしなくてはなりません。そうした指導やフォロー・アップは、警察との協力関係のなかで行われます。というのも、私たちには警察に対して何らかの「命令」をする権限はないからです。
　しかし、私の経験によれば、警察は常に私たちの「提案」に従います。そうして証拠が収集されていくのです。私たちが、証拠が十分に収集されたと考えると、事件はマジストレイト・コートに送致されます。そこで公判付託審理が行われま

す。

　私たちの刑事司法システムでは、犯罪をいくつかに類型化します。最も下の類型に該当するのは、軽微な暴行や軽微な窃盗などの犯罪です。これらの簡易処理犯罪を取り扱うのは、マジストレイト・コートです。

　一方、最も重大な犯罪類型には、殺人、性的暴行、強盗などが含まれ、これらの犯罪の一審は最高裁に設けられる陪審裁判で処理され、最終審も最高裁判所となります。

　この２つの犯罪類型の間にある犯罪類型については、検察側または被告人側が、マジストレイト・コートで審理するか、それともより上位の裁判所で審理するかを選ぶことができます。

　簡易処理犯罪の訴追は警察が行います。警察には、法的訓練を受けた「警察訴追官」がいて、彼らがマジストレイト・コートにおける訴追を担当します。公訴庁は、簡易処理犯罪について通常は訴追を担当しません。簡易処理犯罪以外の犯罪類型については、私たちが訴追を担当します。

　公判付託審理では、法の要請する十分な証拠があるとの心証をマジストレイトが抱かなければなりません。この審理の際、検察側はすべての証拠を被告人側に明らかにしなくてはならないと法定されています。マジストレイトは証人の供述調書を読み、またはときには証人尋問を実施したうえで判断します。両当事者は、マジストレイトの前で、当該事件は裁判官と陪審による正式事実審理を受けるべきか否かに関する弁論の機会を保障されています。

　マジストレイトの判断基準については、刑事手続法に定められています。判断基準の第１は、検察側の証拠が陪審による正式事実審理に提出される証拠能力を有するか否かというものです。次に、陪審が合理的に考えて、検察側の証拠によって有罪の評決を出す可能性があるか否かです。マジストレイトはこの２つの基準が満たされたと考える場合に、事件を裁判官と陪審による審理に付託します〔編注：Criminal Procedure Act 1986, §62, 63. 第２部４章参照〕。

　私や警察訴追官の職務は「弱い（weak）」事件を、公判付託審理の前に篩い落とすことです。合理的に考えて証拠が脆弱に過ぎるために付託決定がなされない事件は、そもそも訴追開始決定をすべきではなかったものなのです。私たちが適切に事件を処理すれば、公判付託審理に入ったものの訴追を維持できなかった、という事態は通常滅多に起きません。正式の公判廷で証拠不十分のため公訴を維持

できない事態になるのは適切ではないからです。

　この段階でマジストレイトが訴追開始決定を棄却した場合には、被告人は自由の身になり、それで事件は終局します。ただし、例外があります。公訴庁の長は、いったん訴追開始決定が棄却されても、マジストレイト・コートを飛び越えてディストリクト・コートに事件を付託させる権限が認められているのです。

　公判付託審理が終わり、事件を付託する決定が出された場合には、マジストレイトは被告人に対して通常、「あなたは正式事実審理に付託されることになります。訴追の内容はこれこれです」と告げて、「訴追開始決定書」に書かれた訴追事実を読み上げます。

　正式起訴状（indictment）は、検察官が作成する起訴状の名称です。手続が進んでディストリクト・コートに行くとアレインメントがあり、そこでは私たち検察官は正式起訴状を提出します。公判付託審理の決定内容、すなわち「訴追開始決定書」の内容と正式起訴状の内容は通常同じです。しかし、いつでも同じというわけではありません。その後の手続は必ずしも「訴追開始決定書」に厳格に拘束されるのではなく、検察官が訴追事実を付け加えることが可能だからです。正式起訴状のだいたい95％は、公判付託審理の決定内容と同じですが、同一でなくてはならないということではありません。

　弁護人が選任される時期は事件によって異なります。普通は訴追開始決定されてからですが、被疑者によっては、警察署に弁護人を呼んで取調べに立ち会わせる者もいます。オーストラリアではそれができますから。通常、ほとんどの刑事事件で法律扶助が利用されます。法律扶助が適用された事件では、保釈するか否かの決定を行うマジストレイト・コートへの第1回目の出頭の際に弁護人がつきます。

　いわゆる犯罪捜査手続は、公判付託審理が開始されるまで続きます。警察は一件記録を公訴庁に送付します。しかし、その後も公訴庁は警察に対して、公判付託審理の直前まで、さらなる証拠を収集するように指示します。私たちは、警察が収集した資料をこの段階で被告人側にも渡します。

　もしかしたら、実際に私たちのシステムで起きていることは、あまりよいものではないのかもしれません。というのも、早い段階で「訴追開始決定」がなされることが少なからずあります。訴追開始決定が捜査終結よりもずっと前に行われるのです。別ないい方をすると、訴追開始決定前に行われる捜査が十分ではない

ラグラム氏と山田氏

のです。

「重大な身体的障害を負わせる意図を持って行われた悪意ある重傷害（maliciously inflicted grievous bodily harm with intent to do grievous bodily harm）」などの事件では、訴追開始決定から公判付託審理を経て陪審による正式事実審理開始までは──もし捜査に何の問題もなく、そして公判付託審理が書面のみで行われたとしたならば──、4週間から8週間くらいでしょうか。というのも、訴追開始決定の時点では警察は供述調書を1通くらいしかとっておらず、その他の証拠を揃えるのに時間が必要だからです。

重大犯罪の場合には、公判付託審理からディストリクト・コートの第1回期日までの期間は4〜6ヶ月くらいです。ディストリクト・コートでの審理期間は、証人の人数にもよりますが、数週間かかると思います。

■NSW州における「司法取引」について

私たちのいう「司法取引」は、もともとの罪名を違うものに置き換えるということを意味します。マジストレイトの前で私たちは、「警察は『○○』という罪名で訴追開始決定したけれども、検察官はこれを『××』という罪名にします」と告げるのです。

被告人側との交渉は次のような形で行われます。たとえば、私が担当するある事件について、検察側立証に弱点があると考えたとします。証人の1人が法廷で証言をしたがらないおそれです。被告人側との交渉に先立ち、検察側立証に困難が生じる可能性について、検察官が判断することがあります。警察によって「重要証人の1人が立証に協力するのを拒否するかもしれない」と告げられたりするからです。このことは、私たちが被告人側に開示を義務づけられている事項ではありません。単なる将来起こりうるかもしれない「おそれ」に過ぎないからです。

一方で被告人側もまた、反証のための重要証人が国外にいたりする場合もあるかもしれません。そうなると、両当事者が1つの実務戦略として「交渉」につい

て検討を始めます。

　検察側が戦略として考慮する主要な点は、警察が訴追開始決定したよりも軽い罪であって、犯罪者の行為の一定部分が適正にカバーされる罪で訴追開始することに同意できるか否かです。

　というのも、私たち検察側としては、正式事実審理のために各種資源を不必要に割く事態は望まないからです。一方で被告人側も、有罪答弁や反省の情を示すことから得られる利益の放棄を望みません。ですから、両当事者が妥協に基づく同意をすることでともに利益を得る場合があるのです。そこで私たちは、当該犯罪の捜査に携わった警察の長や犯罪被害者に対して助言をするための協議を持ちます。私個人が担当する事件で、訴追開始決定に関して、警察と犯罪被害者と私自身が同意に至った場合には、私が決定をします。もしもその三者間で意見の相違が生じた場合には、訴追開始決定を変更する前に私たちは公訴庁の長であるカウデリー氏の判断を仰ぎます。

　では答弁取引では何が行われるかについて例を挙げたいと思います。オーストラリアには、「重大な身体的障害を負わせる意図を持って行われた悪意ある重傷害」という重大犯罪があります。ひどい暴行が行われた事件で、警察がこの罪名で訴追開始決定することがあります。この犯罪の最高刑は25年の懲役です。しかし罪名が、より軽い「悪意ある重傷害（maliciously inflicted grievous bodily harm）」であれば、最高刑は7年です。これら2つの犯罪は重なり合う部分がとても多いのです。

　前者の犯罪に関して故意を証明することは、検察側にとってしばしば困難です。また警察は、最も重い犯罪について訴追開始決定をすることが少なくありません。ですから、私たちは訴追開始決定後にもう少し冷静に事案を検討して、「裁判所は7年以下の刑を科すかもしれませんよ」と言います。そしてまた、前者の罪名では故意の立証はとても難しいだろうという予測を告げます。被告人側としても、かえって訴因を小さくされてしまったならば有罪となってしまうかもしれないとおそれます。ですから、両当事者がその中間で合意をすることは、合理的かつ公正な解決法であるといえるのです。

　被告人側としては、有罪答弁をし反省の情を示すことで刑を軽くすることができます。検察側いわば公衆の側もまた、正式事実審理を行わないことや証言のために出廷しなくて済むことによって利益を得ます。両当事者が交渉し、それぞれ

ほんの少しずつ歩み寄って中庸をとり、公正な解決をみるという例は、ほかにも非常に多く挙げられます。

もしもこうした交渉がまったく行われず、すべての事件が裁判官と陪審による正式事実審理にかけられたとしたならば、オーストラリアの刑事司法システムは成り立ってゆかないでしょう。そうした1つの極端な例が、アメリカではないかと私個人としては思います。

■証拠開示と関係者のプライバシー

[Q] 日本ではプライバシーを理由として検察官が証拠開示しないことが実際にあります。オーストラリアではそのようなことはありますか。また、日本では、証拠を1つ開示したらそれをきっかけとして他の証拠を隠滅したり証人威迫をしたりするおそれがあるので証拠を不開示とする決定をするということもありますが、そうしたこともオーストラリアではあるのですか。

[A] プライバシーを理由として検察官が証拠開示をするかしないか決定するということはありません。問題となっている証拠が関連性を有するか否かなどは不開示決定の理由となりますが、プライバシーは理由とはなりません。私は、プライバシーの侵害を理由として関連性を有する証拠を開示しないという例は存じません。私の知るかぎり、証拠開示の分野において、刑事法の要件はプライバシーに対する考慮に優位すると確言できます。それは被告人には公正な裁判を受ける権利が保障されているからです。

というのも、NSW州ではプライバシー法がありますし、私の経験からは証拠を開示したことで証拠隠滅や証人威迫が惹起されたということはありませんでしたから。他の証拠を隠滅したり証人威迫をしたりする可能性があるということは、問題となっている証拠を開示しない理由とはなりません。私たち検察官は、利用可能な（available）証拠が検察側主張に有利であれ不利であれ、開示する責務を負っています。

1つ例をお話ししましょう。銀行強盗が発生したとします。そして被疑者を人物識別パレードにかけたとして、目撃証人6名のうち4名は「一番の人」すなわち被疑者が犯人であると言い、2名は違う人が犯人であると言ったとします。私たちは被疑者が犯人であると言った4名の供述調書だけでなく、

6名の目撃証人全員の供述調書を被告人側に開示します。被告人側はそれらの証拠を用いて、検察側の主張の不確実性を問うことができるのです。検察官は6名全員について開示をしなくてはならないのですから。

■故意の立証と被疑者取調べについて

[Q] 身体に向けた攻撃があるときに、被疑者の意思の内容によって犯罪のレベルが異なりますね。あなた方は被疑者の意思をどのように立証するのですか。取調べによる供述をさほど重視していないと思いますが、内心の事情の立証についてどうされていますか。

[A] まず、ときに行為それ自体で故意の立証ができる場合があります。身体に対する攻撃に関していえば、たとえば私が野球のバットを用いて被害者の頭部を6回殴り、その際に「殺してやる」と言ったならば、その行為自体が証拠となります。まわりにいた目撃証人たちも故意があったと証言するでしょう。

また、私が取調べで「そう、私は彼を憎んでいた。殺してやろうと思った」と認めれば、その供述が証拠となります。要するに、私たちが見るのは、行為自体と自認があったかどうかということです。

[Q] 犯罪が密室の中で発生したらどうでしょうか。被告人と被害者の2人しかいなかった密室の中で被害者が死んでいたとしたら、やはり取調べで故意を明らかにしなくてはいけないのではないですか。

[A] それは少し難しくなりますね。その場合には、取調官は被疑者の同意を得て行う取調べの中で、被疑者がどう思っていたかを知ろうとするでしょう。しかし、被疑者が「取調べに参加したくない」と拒否したならば、それで終わりです。

[Q] 日本の警察官や検察官の多くは、そういう場合には長時間取り調べないと真相がわからないと言っています。こうした意見について、どう思われますか。

[A] 警察官の立場からすれば、そうした意見は「正しい」のでしょうね。しかし、私たちの国の司法システムにおいては、そういうことを言う警察官はいません。被疑者・被告人には、質問に答えない権利が認められているからです。

取調べの段階で弁護人がついたならば、ほとんどすべての場合で、黙秘するように助言をします。というのも、被疑者が被疑事実について否認している場合でも、しばしば被疑者は自分に不利益な事項について話してしまうからです。

　たとえば、私の扱った事件で、あるホテルで背が高く赤い靴を履いた男を含む数人が被害者に暴行を加えたというものがありました。被疑者は否認しました。しかしそれでも彼は取調べで、自分が現場にいて、赤い靴を履いていて、背が高いということを認めたのです。ですから、彼は「自分は10マイル離れた場所にいた」と主張することはできなくなったのです。

3 陪審公判と検察官の役割
―――コンロン公訴庁バリスター

□日時：2004年11月18日午後
□講師：ポール・コンロン氏
Paul V.Conlon,Barrister Deputy Senior Crown Prosecutor Senior Counsel(SC)
□概要：先に被疑者取調べの録画について、検察官の視点から質疑に応じたコンロン氏（検察庁付きバリスター）は、被疑者取調べのセッションの後に、陪審公判に関する概観とその中で被疑者取調べ録画テープの扱いについて解説をしてくれた。

■陪審審理の流れ―――NSW州の場合

　現在私は殺人事件の訴追を専門としています。こうした事件の正式事実審理の準備段階では、私は弁護人と電話で話をします。準備には必ず何週間かの時間をとります。

　私のほうはこちら側の証人全員のリストを弁護人に渡します。そして、それらの証人が予定している証言内容を手短にしたものもリストにして渡します。その際、私は時として弁護人に対して、リストに載っていなくても弁護人が請求すべきであると考える証人はいないかと尋ねます。「弁護人の要請に合理的な理由があれば、弁護人が請求すべきだと考える証人を請求するように手配する」と私は伝えます。

　私たちの会話は、公判の争点が何かということについてなされているのです。時に弁護人は、「依頼人が被害者を殺害したことは争わない。ただ、それが激情犯であることだけを争う」と言います。それによって私は医師や法科学者（forensic scientist）を呼んで、被害者の傷について証言させる時間を省くことができます。被告人側が死について認めているからです。

　第１回期日には、検察側バリスターは、法廷用の衣服を着用します。弁護側のバリスターも同様です。

1　陪審員の選任手続

　正式起訴状による陪審審理は、地方裁判所でも最高裁判所でも行われます。最高裁ではとても広い陪審法廷で審理が行なわれます。裁判官や陪審員が法廷に入って着席すると、最初に正式起訴状が朗読されます。被告人の氏名、犯罪の発生場所や時間、罪名などが書かれています。正式起訴状が検察官から裁判官やアソシエイツに手渡され、朗読されて、罪状認否が行われます。

　被告人が無罪答弁をした場合、正式に陪審が構成されます。陪審員は市民から無作為選出されます。1989年以前には、最高裁での殺人事件の審理では、理由なし忌避が一方当事者につき20名まで認められていました。地方裁判所（殺人以外の重大事件）では理由なし忌避は8名認められていました。1990年に、政府はコスト削減のため、この人数を減少させることにしました。1つの事件で共同被告人が2名の場合、80名まで理由なし忌避が可能となるからです。最高裁では、20名から8名へ、地方裁判所で8名が3名に減少されました。6ヶ月後、政府はコスト削減の効果を評価し、どの裁判所でも理由なし忌避を一方当事者につき3名としました。現在もそのままです。

2　忌避前のセレクションの方法

　アソシエイツが箱から番号を引き、その番号を持つ候補者が陪審員席につき、12人が着席します。その後、両当事者から質問を受けます。両当事者から何も質問がなければ、その候補者はそのまま陪審員となります。

　忌避された候補者はすぐに退席します。両当事者が2名ずつ忌避したならば、席には8名が残されます。そこでアソシエイツが箱からまた番号を引きます。同じプロセスを繰り返します。そして裁判官から陪審員が揃ったことが宣言され、陪審員の任務について説明がなされます。その後、一般的なガイダンスが行われます。法廷の審理はどのようなものか、証人の証言についてなどです。

3　証拠調べ手続

　冒頭手続の後、検察官が立証活動を開始します。冒頭陳述で、検察側主張のアウトラインが示されます。検察官が陪審に対して、証拠の種類などを説明します。無罪推定などの法原則、合理的な疑いを超える証明をする責任は検察官にあるこ

と、被告人側には被告人の有罪を立証する責めを負う検察官を助ける義務はない、と述べることになります。

　その後、被告人側も同様の冒頭陳述をする機会があります。経験を積んだ弁護人ほど、ここで主張を明らかにしないのが普通です。検察側立証をすべて知ってから被告人側が主張を明らかにするのが伝統的です。

　検察官は次に検察側証人を呼んで証言させます。主尋問に続いて反対尋問が行われます。検察側立証がすべて終了すると、同様の方式で被告人側立証が始まります。

　何年か前には、被告人が証人席に立って証言することは、珍しいことでした。それは、検察官から反対尋問を受けなくてはならないからです。そのころには被告人席から意見陳述を行いました。被告人席から意見陳述を行う場合、被告人は陪審に対して、何でも言いたいことが言えたのです。しかし、被告人に対しては裁判官も検察官も、何も質問をする権利はまったくありませんでした。

　この制度はもともとイギリスにあったものですが、現在ではイギリスでもオーストラリアでも廃止されています。その理由は、その制度が検察側にとって不公正であると考える人が多くなったからです。他の証人は反対尋問を受けるのに、被告人だけが何も質問されないのが不公正と考えられたからです。

　現在は、被告人を証人席に立たせるか、またはそうせずに陪審に対して「検察官の立証は十分ではない（no case to answer）」と主張する、という手法がとられています。被告人を証人席に立たせると被告人側が決定した場合には、被告人側立証の一番初めに被告人質問を行うこととなります。その後、被告人側がどのような証人に証言させようと自由です。

　それから、論告求刑、最終弁論が行われ、その後サム・アップ（sum up）と呼ばれる、裁判官による要約が行われます。法律に関する説明が説示（instruction）という形で行われます。そのあと、陪審員は評議室で評議を行います。

■被疑者取調べの録画ビデオについて

　どの段階で再生するのかは、検察側の考えによります。もちろん時系列で証人に証言させていくので、第一現場到着官を呼んで証言をさせ、写真を撮った者に証言をさせ、そして取調官を呼んで証言をさせるときに、「あなたは取調べをし

ましたね」と尋ねます。「その取調べはビデオ録画されていました」という答えがなされます。そのとき被疑者がアルコールで酔っぱらっていたというような話が出たときには、ビデオを再生することになります。

その際、陪審員には取調べの反訳書が手渡されます。理由は、テープを見ても陪審員には、そこで何が話されているのかよくわからないからです。被疑者は酔っぱらっているからです。そこで理解を助けるために反訳書を渡します。

黙秘権を行使した場合のビデオについては、法廷で再生されません。私は取調官を呼んで証言させます。黙秘権の告知や、弁護人依頼権の告知をしたかを尋ね、被疑者が黙秘権を行使したことを確認します。そこまではビデオは再生されません。ビデオの中身は何もないからです。

しかし、確認が終わると、裁判官が遮って、陪審に説示をします。そして「注意して聞いてください。すべての市民には、質問に答えたくない場合には答えない権利があります。これは黙秘権といい、基本的人権です。そして黙秘をしているという事実から不利益な推論をしてはなりません。その理由は、権利を認めて推論も認めるならおかしなことになるからです」と説明します。

これはとても重要な説示です。なぜなら、手続の初めから陪審に対して、被告人には無罪推定が働いていることが告げられるからです。

逆に、取調べテープが2、3時間に及んでも、すべて再生します。弁護人は普通は、「適切な文脈（proper context）」を明らかにしたいと考えます。しかし、つまみ食いの再生ではそれを明らかにすることはできません。全テープの再生は義務ではありませんが、通常はそうします。もちろん事前に両当事者で合意があれば別です。

たとえば、強盗事件の被疑者が取調べを受けていたとします。当該被疑事実について被疑者は一貫して否認したけれど、取調べの終わりで、昨年発生した別の2つの強盗事件について認めたとします。その場合には、明らかに被告人側は最後の自認の部分を削除するよう求めるでしょう。その部分は偏見を生むので、私たちも削除をします。

■被告人側の争点提出について

[Q] 被告人側は、どの時期にアリバイや正当防衛の主張をするのですか。正式

事実審理の前に主張しなくてはいけないのですか。

[A]　アリバイに関しては、正式事実審理開始前に、被告人側は検察官に対して書面で、証人として呼ぼうと考えている者の供述調書を渡さなくてはいけません。

　その理由は、そうした供述調書の内容、たとえば「犯行日時に私は被告人と一緒にいた」ということを警察が捜査して、「その日時、被告人は別の場所にいた」と証言できる者を探すことができるからです。

　また、正当防衛の主張については、証拠関係を見れば自ずと明らかになる場合もあります。たとえば被告人と被害者が大ゲンカをしているのを見たという証人がいる場合には、それで検察官は、おそらく正当防衛だろうとわかります。それほど明らかでない場合には、弁護人と検察官が、第1回期日の2週間から3週間前程度――時には1週間前のこともありますが――に協議の場を持ちます。そこで弁護人が、正当防衛の主張をすると検察官に告げるのです。

[Q]　事前に弁護人が告知をすると、検察側証人が供述を変えるのではないかという懸念がありますが、いかがですか。

[A]　その懸念は理解できます。しかし、オーストラリアの法システムでは、証人が供述を変遷させることはたいへん困難です。その理由は、証人は捜査段階ですでに供述調書を作成しているからです。弁護人の視点に立てば、もし検察側証人が供述を変遷させ始めたら、それは被告人側にとって非常に有利になります。弁護人は、陪審に向かって、「この証人は信用できません。警察に対してはAと言い、今はBと言っています」と主張できるからです。それが陪審制のいいところの1つです。「話を変える人間は信用できない」と考えるのが一般市民の感覚だからです。

■公判廷での立証について

　証人尋問にかかる時間などは、双方のバリスターの経験に依拠しています。バリスターはどのような証人を何人召喚するかを知っています。そこでバリスターは、自分の経験から、証人尋問に必要であろうと思われる時間を推定します。その推定が外れることは滅多にありません。たとえば私が裁判官に「この事件は4

週間以内に終えられます」と告げた場合、たいていは3週間で終了します。

　時には、日程を調整して、争点は何か、誰を呼ぶかを話し合うために法曹三者で協議の場を持つこともあります。しかし、そうしたことは実際にはほとんどありません。

　一例を挙げましょう。2005年2月28日から私は殺人事件の公判を担当します。この事件での検察側の証人は──そのなかには警察官や市民、専門家証人が含まれていますが──90人います。しかし、実際に召喚される証人はそのうち30人程度になるでしょう。おそらくそれくらいの証人がいる場合には、3週間くらいかかります。この事件では、非常に多くの証人から供述調書がとられましたが、審理のために真に必要な証人は30人程度だからです。ナイフを研究所に鑑定に出したとしても、その鑑定をした人を証人として召喚する必要性がないからです。

[Q]　殺人事件において、被害者を殺したことについては争いがなく、ただそれが被害者による挑発によってだったか否かが争われているような事件において、被害者の死自体のように争いのない事実については、どのように立証するのですか。

[A]　殺人事件では、私たちが立証しなくてはならない要素の第1は、被害者が死亡したことです。要素の第2は、被告人の行為が不法であったことです。そして当該行為を行う際に殺意があったことです。検察官はこれらを立証しなくてはなりません。

　被害者の「死」自体に争いがなく、そのことは陪審も納得している場合であれば、私たちは通常、犯行現場で写真を撮影した警察の写真班を証人に呼びます。そして、現場で撮影された被害者の死体を撮影したすべての写真を証拠物として陪審に提出します。なぜなら、犯行現場の写真は、陪審が事件を理解するために必要だからです。もっとも、この場合にも、弁護人は通常、被告人のために法廷で、「私の依頼人は、被害者の死に責任があることを認めている。そして被害者を刺したことも認めている」と異議を申し立てることはあります。また、時に私は医者も証人として呼びます。刺し傷がどのくらい深かったかを証言させるためです。胸から背中まで刺し貫かれていた、というようなことです。なぜなら、それは殺意の存在に影響を与えるからです。

[Q]　医者の鑑定書が存在し、死因にも争いがない場合も医者を証人として呼ぶ

のですか。

[A]　ディストリクト・コートなどで扱われる多くの事件、たとえば傷害事件などで、傷の状態に争いがない場合には、医者の供述調書を提出したり読み上げたりするだけのことがしばしばです。

　殺人事件は異なります。死亡事実その原因に関して争いがなくても、ほとんどの事件で、医者を証人として呼びます。その理由は、医者の認定した事実は、その他の要素を立証するために非常に重要だからです。被告人が被害者を殺害したことに争いがなくても、故意があったか、それともそれは傷害行為の結果の死なのかということに関連性がある可能性があるのです。ですからやはり医者は証人となります。

　今週の月曜日に私が担当した事件では、被害者の死自体は争いとなりませんでした。それは故殺ではなく謀殺の事件でしたが、医者は証人として呼ばず、ただ書面を提出しただけでした。

　こう申し上げるのは、私たちの法システムにおいては、被害者の死というものは、たとえそれが争点となっていなくても、技術的に、検察官が立証しなくてはならない事項の1つだからです。ですから何らかの形で、供述調書を提出するなどして立証しなくてはなりません。通常は、死に関する供述調書は1頁か、それくらいです。

　殺人事件のなかには、医者が検視を行うことがあります。頭部の状態はどうだった、腹部の状態はどうだった、と全身を調べます。そういうときには供述調書は非常に長くなります。その場合、私たちは全部読み上げることはしません。死因は刺されたことによるもので、傷は胸部にあって10センチメートルの深さだったという部分を読み上げます。それだけです。

[Q]　読み上げられるのは一部でも、陪審は書面全体を目にするのですか。

[A]　もしも検視医作成にかかる書面が10頁に及ぶ場合には、裁判官はその一部だけ、関連する部分だけを読み上げます。そして、供述調書自体は証拠物とはなりません。陪審がアクセスできるのは証拠物だけです。

4 証人支援──証人支援官ドッド氏、スピッテリ氏

□日時：2004年11月16日午前
□講師：ローンダ・ドッド氏、マイケル・スピッテリ氏
Rhonda Dodd & Michael Spiteri, Witness Assistance Officer, ODDP
□概要：公訴庁は、犯罪被害者や証人の保護に関する支援プログラムを運用している。その専門担当官も配置している。以下、2人の専門家が、その概要を説明してくれた。

■証人保護プログラムについて

　私が公訴庁で働き初めてから8年6ヶ月になります。証人支援サービスに携わってからは2年になります。今、そこに座っている同僚のローンダも、同じく2年間証人支援サービスに携わっています。

　私が今携わっているのは、NSW州の犯罪被害者である証人に対する支援サービスです。このサービスは1994年から開始されました。モデルとなっていたのは、当時すでに実施されていたカナダのトロントにおける同様のプログラムでした。

　1994年のサービス開始時のパイロット・スキームの段階では、シドニーの3人の証人支援官に対して資金が提供されていました。12ヶ月のパイロット・スキームは成功しました。その結果、証人支援サービスは公訴庁の常設部局となり、さらなる資金が提供されました。

　一般的にいって、この証人支援サービスというものは、刑事手続にのせられた犯罪の被害者や証人で、「傷つきやすい（vulnerable）人々」を支援するために実施されています。証人支援サービスが公訴庁の常設部局となってからは、さらに多くの証人支援官がNSW州の中西部でも活動できるように、州政府から資金援助が行われるようになりました。

　さらに18ヶ月の活動の後、より多くの資金援助を得ることになりました。こうした資金援助の増額のおかげで、NSW州では証人支援サービスオフィスごと

に証人支援官を置くことが可能となりました。1996年には、証人支援サービスはさらなる改善と飛躍を遂げることになります。証人支援サービスの存在が広く知られるようになるにつれ、ソリシターや検察官からのニーズが非常に高まるようになりました。そしてさらなる資金援助が行われるようになり、現在ではNSW州全土で合計46人の証人支援官が活動しています。

人数が増加したことに関して非常に重要なことは、人数が増加したことでアボリジニの人たちにサービスを提供する証人支援官を3人配置できるようになったことです。

証人支援サービスの一番の任務は、刑事司法手続において、「傷つきやすい証人（vulnerable witness）」を支援し、これをサポートすることです。そして、刑事司法手続きに関与したことで再度受けるトラウマを最小限抑えることです。さらに加えて証人支援サービスは、司法の利益のために、証人がその能力を最大限生かして証言できる機会を提供することも任務としています。

証人支援サービスの鍵となる機能としては、公訴庁や法律家、検察官、そして外部の諸機関と、専門的なパートナーシップを構築する点にあります。一般的にいって、証人支援官の背景はさまざまです。資格を持った心理学者や、ソーシャルワーカー、社会科学者、福祉関係者などがおります。

■被害者と法律家の協働関係

私たち証人支援官がどのようにして法律家や証人あるいは被害者と協働しているかをお話ししようと思います。

証人が証言のために裁判所に呼ばれたときに、証人がその能力を最大限生かして証言できるように支援するのが、証人支援サービスの最も重要な側面の1つです。証人支援官が忘れてはならない重要な点の1つは、本質的に、被害者に最良のサポートを提供する準備をしておくということです。

事件が私たちのオフィスに持ち込まれたとき、最初に私たちが行うのは、被害者や証人のニーズを査定することです。犯罪の被害者に関して、証人支援官が最初に行うのは、当該被害者の社会的心理的ニーズを査定することです。社会的心理的ニーズの査定とは、当該被害者が法廷で証言をする際に、カウンセリングその他のサポートを必要とするかを判断し、それに見合ったプランを立てることで

す。

　ニーズは１人１人異なります。カウンセリングが必要ならばカウンセリングができるようにします。家庭内暴力の被害者であれば、住居を変えることが必要になってきます。それが子どもであれば、加えて特別な注意とケアが必要となります。

　被害者に対して証人支援サービスのオフィスが提供できるその他のものとしては、法律家と連絡をとって相談し、被害者が法廷で証言するときに何を懸念しているかについて私たちが聞いたことを、法律家に伝えるということがあります。

　証人支援官は法律家よりもずっと被害者と近い位置にいますから、法律家が事件準備をする際に有用な情報を獲得することができます。

　たとえば、被害者の聴力や視力に一部障害があるとか、心理的に問題を抱えている場合などには、そのことを法律家に伝え、公判段階でどのような特別な支援が必要かを助言できます。時には、証人支援官は証人となる者のために法廷でどのような準備をしたらいいかを提供できることがあります。

　証人支援サービスの信念として、証言をする人のために準備をすることによって、よりよい証言が実現する、ということがあります。その理由は、法廷プロセスに関して情報提供を受けた者は、公判で次に何が起きるかを理解できるがゆえに、よりよい証言をすることができるからです。

　証人支援サービスはまた、被害者や子どもなどの傷つきやすい人々が証人となるときに、法廷での付添人となることでサービスを提供することもあります。

　状況によっては、家族や親しい友人が法廷付添人となることが適切な場合もあるかもしれません。しかし、証人支援官が法廷付添人となる方が適切な場合もあります。証人支援官が法廷付添人となることで提供される利益は、それによって被害者が証言する間中、被害者のサポートをできるという点にあります。また証言の終了後に行うサポートもあります。証人支援サービスの義務は、被害者権利章典に書かれています。

　最後に、証人支援サービスが提供できる点として、被害者や証人に関する事項について、相談を受けつける社会的資源を供給することがあげられます。

　次に、証人支援官が最も重きを置く事件類型についてお話しします。こうした事件類型には、まず、子どもに対する性的暴行事件があります。そして殺人など、人が死亡した事件です。危険な運転による事件もあります。被害者が成人である

場合の性的暴行事件、家庭内暴力事件、そして特別な保護法益が絡む事件などです。証人支援サービスでは、こうした人々にプライオリティを置いています。子どもや18歳未満の未成年者がこれに該当します。そして障害を持つ人々、アボリジニの人々、高齢者や、何か弱いところのある人、深刻なPTSDを持っている人々です。

そして、証人支援サービスが高いプライオリティを置いているもう1つのカテゴリーに該当するのが、言語や文化の面で不利益な立場にある人々です。読み書きができない人々、辺鄙な地域に住んでいる人々、経済的困難を抱えている人々、そして非常にサポート・ネットワークが限定されている人々です。

■被害者保護

[Q]　プログラムのポイントは、被害者に証言をしてもらうということなのですか。

[A]　私たちが最重要と考えるのは、証言のための適切な準備を行うことです。刑事司法システムや刑事プロセスを理解させ、そして主尋問・反対尋問について理解させます。それにより被害者は、法廷で当惑しびっくりすることがなくなります。その目的はトラウマを最小限にするということです。被害者というものは、暴行を受け、さらに取調べを受けています。そうしたトラウマを最小限にすることが、私たちにとって重要なことです。

[Q]　強姦の被害者でトラウマがある場合、どのような対処をするのですか。

[A]　まず証人支援官が1人彼女につきます。証人支援官は取調官とまず話をして、被害者の背景についての情報を取調官から得ます。そしてその被害者に来所してもらい、証人支援官と法律家が被害者に対して、刑事プロセスにおける彼女の役割について説明します。また、証人支援官はリエゾン・パーソンとしての役割も担います。その後、法律家と話をし、裁判所で彼女が何が最も必要かを相談します。それから、被害者が裁判所に行く準備をします。

　　事件によっては、被害者に対してサポート・ネットワークを提供します。そのサポート・ネットワークは、心理学者、カウンセラー等によって構成されます。また、被害者権利章典で認められている権利が守られているか否かを確認します。さらに、証言後には証人がたいへん興奮してしまうため、落

ち着かせるなど心理的にサポートします。

　一番強調しておきたいのは、証人支援官の役割は、証言によって被害者が受けるトラウマを最小限に抑えることだということです。

　被告人が無罪となった場合には、その場で私たちの仕事は終わりますが、その場合には被害者に対してカウンセリングに関する情報を提供します。有罪となった場合には、被害者意見陳述書を提出しますが、この被害者意見陳述書は、当該犯罪がどのように被害者の人生に影響を与えたのかを書くものです。被害者意見陳述書は、現在は、法廷で被害者が読み上げることもできますし、検察官が代理で読み上げることもできます。

[Q]　サポートが証言の内容に影響を及ぼすことはありませんか。

[A]　私たちの経験から申し上げますと、被害者をサポートする際、私たちは証言の内容には非常に慎重になります。時に被害者が証言の内容に言及することがありますが、そのような場合には、「私たちはそのことについて話してはいけないことになっている」と被害者に告げます。

　よくあることですが、証人尋問、とくに反対尋問終了後に被害者が、証人尋問やそれを行った法律家に対する非常に強い怒りを抱くことがあります。そうした場合には、私たちは「その怒りを表現しなさい」と被害者に告げます。感情を表現するということは、内容には関係がありません。

　被害者は、反対尋問だけではなく、司法システム全体に怒りを抱くことがよくあります。待ち時間が長いことや、いつどのように証言するかについて、そして司法取引についても怒りを抱きます。

　私たちの仕事の多くは被害者に向かって自信を持たせることにあります。そして、今後何が起きるかを知らせることにあります。今からどういうことが起きるか知ることは、被害者が自信を持つことにつながります。

[Q]　先ほど反対尋問のことが出ましたが、厳しい反対尋問を受けて被害者が怒りを抱くということですが、検察官や弁護人に対して何か尋問の方法等について助言することはあるのですか。助言することがあれば、その内容について教えてください。

[A]　助言することはありません。まず重要な点として、被害者が反対尋問されている間、検察官が被害者に話しかけたり近づいたりすることは法律で禁じられています。私たちはできますが。そして、反対尋問の途中で休憩が入っ

た場合などに、被害者が「もう法廷には戻りたくない」というようなトラウマが生じた場合には、私たちは検察官に対して、今被害者がどのような経験をしているのかと話したりします。休憩を延長するといった対処もありますが、それは被害者の受けたトラウマとニーズのレベルによります。

5 量刑手続──ウッドバーン検察官

□日時：2004年11月19日午前
□講師：ドナ・ウッドバーン氏
　　　　Donna Woodburne, Crown Prosecutor, ODDP
□概要：ウッドバーン氏は、公訴庁所属のバリスターである。同氏からは、NSW州における量刑事情、刑罰の種類、裁判官の量刑における権限行使のありかたなど量刑手続の概要について説明を受けた。

■量刑事情について

　量刑手続は公開法廷で行われます。ただし、被告人が18歳未満の場合は非公開です。さて、懲役刑に値する者に対する量刑手続は、一般に困難を伴うものです。その理由の1つは、近年、犯罪からの市民の保護ということに大きな関心が抱かれるようになってきたからです。

　私たちの量刑システムの根幹というものは、裁判官によって行使される自由裁量権です。しかし、この裁量権はいくつもの方法で制約を受けます。その第一が制定法です。犯罪量刑手続法には、そのことについての規定が設けられています。すなわち、そこには、考慮されるべき要素が述べられており、量刑の目的とは何なのかが明記されています。量刑にはいくつもの要素が反映されていなくてはなりません。要素の1つは、まず「適切な刑罰」ということです。また、一般予防と特別予防、共同体の保護、犯罪者の社会復帰、犯罪行為に対する非難、そして被害者と共同体が受ける害の程度を下げることがあります。

　量刑を司る裁判官はとくに、有罪答弁について考慮します。警察に対して罪を認めたかどうか、被逮捕者が警察に対して、他の者を逮捕するために役に立つ情報を提供したかどうかも考慮します。これらのことがあれば減刑されます。また、

裁判官は総体としての犯罪の重大性についても考慮しなくてはなりません。たとえば、暴力事犯についてはその暴行の程度や犯罪歴などです。また、裁判官はとくに、犯罪の被害者が警察官や司法官、教師や地域の福祉関係者などの公務員である場合に、そのことを考慮します。

その一方で、刑を軽減する要素についても考慮します。たとえば、当該犯罪が被害者の挑発によって惹起されたかどうか、また、年齢や精神的状態に鑑みて被告人が自らの行為の結果を十分に認識していたかどうかなどです。

裁判官は、数多くの要素を考慮し、それらのバランスをとって、すべての者に受け入れられるような量刑をする必要があるのです。

量刑を不服とする者は、量刑不当を主張して上訴をすることが可能です。量刑不当が主張された場合、または適用法条に誤りがあると主張された場合などには、控訴院が事件を取り扱います。検察官にも量刑不当に基づく上訴をする権利があります。

しかし、控訴院は、そうした検察官からの量刑不当に基づく上訴に対して量刑を見直すことを躊躇します。控訴院がそうした態度を取る理由の1つは、私が思うに、被告人をこうした手続にのせることにより、被告人に対してよけいな重荷を負わせるということがあるからです。

■刑罰について

では次に、科される刑の種類についてお話しします。まず、全日制（full time）の収監というものが挙げられます。量刑手続では、収監期間の上限が決定されます。しかし、その際に裁判官は、先ほど述べたさまざまな要素を考慮に入れなくてはなりません。

次に、定時制拘禁（periodic detention）と呼ばれるものもあります。それはたとえば、1週間に2日だけ拘禁施設に入るというものです。通常は、週末に施設に入ります。定時制拘禁によれば、職業を持っている者が失職せずに仕事を続けられる、というのが理由の1つです。金曜の夜に拘禁施設にやって来て、日曜日の午後に拘禁施設を出ます。

収監のもう1つの形態に、在宅拘禁（home detention）があります。これは、自分の家から出てはいけないというものです。在宅拘禁を科された者にはいくつ

か遵守事項があります。許可がないかぎり、家の外に行ってはいけません。また、手首に電磁的監視機器をつけて常にモニタリングされなくてはいけません。酒や薬物は禁止されます。そして、時には20時間くらい地域共同体のために無料で勤労奉仕しなくてはいけません。そして監督者から呼ばれたら、いつでも報告に行かなくてはいけません。重大犯罪については、在宅拘禁を選択することはできません。つまり、殺人や性的事犯、強盗などです。

　拘禁を伴わない選択肢もあります。選択肢は7つあります。順にご説明します。

　①執行猶予（suspended sentence）——刑が2年未満の場合には、裁判官は被告人に対して執行猶予を言い渡すことができます。その際、執行猶予中のよい行状を約束させます。執行猶予の背景にあるのは、犯罪の重大性を考えつつも社会復帰の機会付与ということを念頭に置く考え方です。

　②地域共同体奉仕命令（community service order）——これは、地域共同体のために犯罪者が無料で奉仕するというものです。たとえば、建物の清掃などをします。奉仕する時間の上限は500時間です。

　③善行保証による保釈（good behavior bond）——これは期間は5年以下です。この期間中は保護観察官の監督下に置かれます。そして酒や薬物からの回復プログラムや就職のためのプログラムへの参加が要請されます。加えて、一定の場所に居住することが求められます。これらに違反した場合は、被告人は再度裁判所に出頭し、量刑手続が行われます。

　④刑の宣告猶予命令（order deferring sentence of the offender）——量刑宣告の手続を6ヶ月から12ヶ月延期して、その間被告人の身体を釈放します。被告人は社会復帰できることを示すこともできますし、さまざまな更生プログラムに参加することもできます。延期された期間が経過すると、被告人は再度裁判所に出頭して、裁判官はそこでどのような刑を科すか決定します。もし社会復帰に成功したならば、被告人は刑務所に行かなくていい場合もあります。しかしながら、社会復帰に失敗したならば刑務所に収監されます。

　⑤罰金——非常に重大な犯罪については、この刑は期待できません。

　⑥公訴棄却（dismissal of charge）——これは、被告人が有罪であると判断しつつも、そのことを記録に残さないというものです。被告人がよい性格であるとか、犯罪が比較的軽微な場合です。あるいは犯罪に至った経緯も酌量されることがあります。しかし、この措置をするためには、被告人がそれまで2年間にわたって

前科前歴がないことが要件とされています。

　⑦被害者に対する損害賠償命令（order for victim compensation）——犯罪被害者に対して金銭が支払われます。金額の上限は5万ドルです。

■量刑手続における裁判官の権限

　では次に、裁判官が行使できる権限についてお話しします。昨日、私は高等法院に行ってきました。私は主任バリスターではありませんでしたが、そこでは常習犯罪者（habitual criminal）に関する条項の適用が問題となっておりました。それは習慣性の強い犯罪者に関する条項です。もし、その者が25歳以上で過去に重大犯罪について2つの有罪判決を受けており、そして別々の機会に刑務所に収監されていたならば、裁判官は当該犯罪に対して科刑するのとは別に、当該人物が常習犯罪者であることを宣言することができます。裁判官は当該人物に対して、5年から14年の刑を別個に科すことができます。このように別個に科される刑は、問題となっている犯罪とは関係がありません。そうではなく、犯罪者が常習犯罪者であることに対して科されるのです。こうした権限の背景にあるのは、一般大衆を犯罪から保護するという考え方です。

　昨日の高等法院で私が扱った事件の被告人は、非常に長い犯罪歴を有していました。彼は、成人後の人生のほとんどを刑務所で過ごしていました。そして、刑務所から出所するたびに、彼は女性に対する非常に重大な罪を犯してきました。たとえば、非常に暴力的な強姦です。被害者の1人は83歳の女性でした。昨日の宣告手続では、彼の行った犯罪の最近の2件について、裁判官は彼を常習犯罪者であると宣告しました。そして、彼が若い女性に対して行った犯罪に対して、本来の刑とは別に、常習犯罪者であるということに対する14年の刑を宣告しました。

　この常習犯罪者法の条項は、ここ20年間NSW州の裁判官によって適用されることがありませんでした。それが、この事件が高等法院で扱われた理由の1つです。法廷では、この事件の上訴手続について当事者間で議論が行われました。NSW州では、この裁判官の権限が長期間行使されてきませんでした。しかしながら、他の州では、この権限または類似の権限が、よりしばしば行使されています。高等法院がどのような判断を示すのか、NSW州の裁判官が、最近行使され

てこなかったこの権限をどうするか、私はその動向に興味があります。

■量刑手続の諸問題

[Q] どんな資料が量刑手続で用いられるのですか。たとえば、被告人の供述調書、前科に関する記録などのほか、どのような証拠資料が量刑手続で用いられるのでしょうか。事実審で使われた証拠資料はそのまま使われるのかどうかお聞かせください。

[A] まず、量刑手続では、検察官が主張と証拠を出して、その後それに対して弁護人が「これだけ軽い」という主張と証拠を出し合うことになります。検察官が裁判官に提出するのは、犯罪事実に関する資料、犯罪歴、そして時に被害者による供述調書です。また、同種の犯罪についてどの程度の量刑が行われているかに関する統計資料です。

[Q] 暴力の程度が問題となった場合、弁護人が被害者による供述調書に異議がある場合には、証人尋問を行うのですか。

[A] そうすることは可能です。一般的には検察官は、犯罪事実については同意をとろうとします。とくに、被害者がいる場合にはそうです。しかし量刑に影響を与える事実については、被告人側に反論する権利があります。私たちもそうです。そして同意に至らない場合には、証人を召喚して反対尋問を行うことができます。

[Q] 否認している被告人が有罪判決を受けて量刑手続に至った場合には、当然、事実審理のためにすでに被害者が証人として召喚されていますよね。その場合、量刑手続のために被害者が再度召喚されることはあるのでしょうか。

[A] 裁判官が行う量刑手続には2つの状況があります。第1は、最初から被告人が有罪答弁をしている場合です。その場合、検察側の主張する事実に対して争いがあるとき、被害者を含む証人が召喚されて証言を要請されることがあります。被告人もまた証言を要請されることがあります。そして裁判官は、何が本当かを決定しなくてはなりません。

第2は、被告人が無罪答弁をし、事実審理に証人が召喚され証言し、陪審によって有罪評決が出された場合です。この場合には、被害者は量刑手続には呼ばれません。なぜなら裁判官はすでに事実審理で証人たちがどんな証言

をしたか耳にしているからです。いったん陪審が有罪評決をした場合には、どの事実に基づいて刑の宣告を決定するかは裁判官の役目です。

　ですから、有罪評決後の量刑手続では、犯罪者が個人的な背景について供述することもあれば、弁護人が人格に関連する資料を提出することもあります。時には心理学者が作成した報告書が提出されることもあります。しかし、事実審理に現れた事実のなかから、何を量刑の基礎とするかの決定権は裁判官にあります。両当事者は、適切と思われる刑罰の種類について証拠を提出することができます。

[Q]　有罪評決を受けた場合、量刑手続ではどのような証人が召喚されるのですか。性格を立証するために、家族や友人、雇用主などが証人となることはあるのですか。

[A]　性格立証のために家族や友人などが出廷するのが普通です。有罪評決後量刑手続に入った後は、裁判官に考慮に入れてほしいと望むいかなる証拠も提出する権利があります。

[Q]　伝聞法則は適用されるのですか。

[A]　一般的には適用されません。しかし、裁判官から命令が出されたときは別です。たとえば心理学者の報告の内容に伝聞証拠が含まれるような場合です。その心理学者の報告に「犯罪者が『たいへん申し訳ないと思っている』と言った」という記載がある場合です。このことについては、以前控訴院が、「『申し訳なかった』と被告人が言った」という記載があるだけよりは、被告人が実際に法廷で謝罪の言葉を述べるほうが影響が大きいだろうと述べています。

[Q]　被害者の感情や被害の大きさ、そうしたことに関する被害者の意見は考慮されるのですか。

[A]　被害者の受けた害については、考慮されます。しかし、量刑がどうあるべきかに対する被害者の考えは考慮されません。被害者の意見陳述に関する条項があります。心理学者や被害者が、被害者の受けた害、ダメージについて述べることはできます。

[Q]　オーストラリアでは死刑が廃止されていると聞きましたが、量刑として重い刑としては、どのくらいの刑が出ているのでしょうか。具体的に、懲役100年というような刑、すなわち事実上の終身刑というものは出るのでしょ

うか。また、終身刑と非終身刑の区別はどのような点に存するのでしょうか。

【A】　死刑は廃止されています。最高刑は終身刑（life sentence）です。ただし、終身刑が科されるのは非常に限定的な状況の下に限られています。殺人や非常に重大な薬物事犯などです。オーストラリアでは、刑を足していって100年に至る懲役、といったものは採用されていません。そうではなく、たとえば３人を殺害した事件の場合、３つの終身刑が科されることになります。

　もっとも、殺人を行ったら必ず終身刑が科されるわけではありません。殺人でも、最悪の場合に終身刑が科されるのです。たとえば３人が殺害され、裁判官がこれを非常にひどいと考えたときに、裁判官は異なる刑期の３つの懲役刑を宣告することができます。それらの懲役刑は累算されることもあります。しかし、死刑は存在しませんし、懲役100年ということもありません。

V　被疑者取調べ可視化のために
　　──オーストラリアからの提言

被疑者取調べ 可視化のために
―― オーストラリアからの提言

□日時：2004年11月19日午前
□講師：ニコラス・カウデリー氏
　　　　Nocholas Cowdery AM QC, Director of Public Prosecutions, NSW
□概要：5日間にわたるNSW州公訴庁における調査取材の最後に、同庁長官のカウデリー氏が総括的な質疑に応じてくれた。調査団は、あらためて日本における議論の状況を紹介しながら、同氏との質疑を通じて、被疑者取調べの録画手続の有効性と適正さを確認した。

■被疑者取調べと信頼構築について

[Q]　日本の法務省は、取調べのビデオ録画に反対しています。1つの理由は、信頼関係構築のためには録画手続が妨げになることです。どう思われますか。

[A]　被疑者と信頼関係を構築するという考え方には、いくつか問題があると私は考えます。もちろん捜査官は、捜査において、彼が接触するすべての人々と何らかの形で人間関係を作ります。ここオーストラリアでも、捜査官は、警察署にやって来た人や被疑者と何らかの人間関係を作ることがあり得ます。問題が発生するのは、その関係が、支配する側としての捜査官とされる側としての被疑者の間に作られるときです。

　私たちの国で自白が証拠能力を持つためには、当該自白が、「供述する・しない」、「黙秘権を行使する・しない」について自由な選択の結果なされたことが要件となっています。それは被疑者の任意によるものでなくてはなりません。当該自白が支配的な捜査官との関係から生まれたとするならば、それが被疑者の自由な意思に従っているか否かに疑念が生じます。また、被疑者の意思を圧倒してしまうような、異なる種類の関係も存在します。殴るな

どの身体的な強制、暴行を加えるという関係もありえます。また、もっと穏やかな手段を用いて被疑者に影響を及ぼす不適切な関係もありえます。

　私が思うに、日本で語られているのは、被疑者の内心に踏み込む特定の関係であります。その種のプロセスの結果であるような自白のすべては、被疑者の意思を圧倒するという意味で、すべての関係者から異議が唱えられるでしょう。

　私たちの州での実務的な経験や取調べがビデオ録画されている他の州などにおける実務的な経験は次のようなものです。すなわち、ビデオ録画がなされている状況下でもなお、警察は被疑者と適切な信頼関係を築くことが可能です。そして、被疑者はそれでも多くの事件において任意に自白をするのです。殴打もなく、心理的な圧力もない状態です。

　私は日本に滞在していた間、「被疑者との信頼関係構築」という主張を何度も聞きました。それを私は、危険な主張であると考えます。多くの事件では、そうした関係のなかに不適切なことは何もないのかもしれません。しかし、その関係を不正使用する潜在性は存在するのです。なぜなら、捜査官には権力があり、被疑者は弱い立場に置かれているからです。

　記録がとられていると捜査官が知っている場合、捜査官は被疑者に対して、自分の地位を濫用しないでしょう。ビデオ録画またはテープ録音されていれば、捜査官は、その状況の悪用にあたるような行為をする気が削がれるということです。

[Q]　録画手続導入の効果はいかがですか。

[A]　私たちの経験では、何年か前には、警察官が誤った行動をするという問題も存在しました。

　自白を得るために被疑者を殴るという取扱いをすることもありました。時には自白をでっち上げることもありました。無理に書類に署名させたり、または「被疑者は何々という話をしたが、署名したがらなかった」という話をでっち上げたりしました。

　その種の行動が、最終上告審である高等法院に、取調べのビデオ録画に至るコメントを出させる原因となりました。なぜなら、そうした申立を伴う多数の事件が裁判所に持ち込まれたからです。

　ビデオ録画の開始後、その種の問題は、ほとんどなくなりました。

■組織犯罪、刑事免責、証人保護

[Q] 日本の法務省は、組織犯罪で共犯者に対する供述が得られなくなるおそれがあることも反対の理由にしています。どのようにお考えになりますか。

[A] 私たちの経験では、組織犯罪についても、より軽い犯罪についてと同様に、犯罪者は自白をいたします。身体的な強制を加えなくても、心理的圧力を加えなくても、そしてビデオがまわっていても、自白がなされるのです。

　もちろん、何に関してもまったく自白しない犯罪者もいます。それはもちろん、犯罪者にも行動規範というのがありますし、何らかの掟というものがありますから、それに従って自白しないのです。そういう人々は、たとえ殴っても、心理的な圧力を加えても、そしてビデオがまわっていなくても、それでもなお自白しません。

[Q] 組織犯罪の場合、被疑者は黙秘しませんか。

[A] どのような質問であれ、何らかの質問をするに先立って、警察は「あなたは話したくなければ話さなくてもいいのだ」と黙秘権を告げて、選択肢が存在することを示します。

　その権利告知もまた、ビデオによって記録されます。ですから、その権利告知の後で質問に答えたり、取調べに参加する決定権は被疑者にあります。もしも被疑者が「何も話したくない」と言ったら、それで終わりです。なぜなら、そうした選択権を行使した場面がビデオに映っているからです。

[Q] コンフィデンシャルでなら話す、ビデオ録画されている状態では話さない、ということはないのでしょうか。

[A] それは一般的には問題ではありません。そういうことは起こりえますが、しかし、そうしたことが実際に起こったならば、警察官は「いかなる取調べも、公判で証拠として許容されるためには記録化されなくてはならないのだ」と説明しなくてはなりません。

　しかし時には、捜査の一部として、警察がその者と話すときに記録をしないこともあります。そうした場合には、その供述はいかなる状況においても、当該供述をした者に対抗的な証拠として許容されることはありえません。これを私たちは「免責供述（induced statement）」と呼んでいます。

　もしも警察がある者に対して、こうした記録化されない場で話をしたいと

望んだときには、上級警察官の許可を得なくてはなりません。または、すでにことがらが私たち公訴庁に持ち込まれてきている場合には、この私の同意を得なくてはなりません。

[Q] 「免責供述」の許可が得られた場合、供述自体はどのように記録されるのですか。

[A] その供述もまた、非常にしばしばビデオ録画されます。それを、供述をした者に不利な証拠として用いることはできません。しかし、そうした供述をビデオ録画しなくてはならない、ということはありません。時には書面だけということもあります。

　もしも免責供述をする、すなわちほかの誰かに対する警察や検察の活動を支援する情報を提供するならば、免責供述をした者は刑が軽減されます。

　1つの犯罪について、3人または4人の者が訴追開始決定がなされるというのは、非常にしばしば起きることです。それらの人々のうちの1人が、警察に力を貸そうという決定をするかもしれません。そうした場合に、当該人物から免責供述がとられるのです。

[Q] 免責供述が採られた過程というのは、当該供述によって不利益を受ける人にも明らかにされるのでしょうか。

[A] 必ずしもそうする必要はありません。後の手続中でそういうことは起こりえます。しかし通常は明らかにされません。後の手続で、免責供述をした者が証人として立つ場合には、当該供述により不利益を受ける者に開示されます。

[Q] 免責供述をした人を保護するプログラムはありますか。

[A] 証人保護プログラムがあります。保護のレベルは、当該証人に対する危険の度合いによります。証人保護に関しては警察に特別の部署が設けられています。事件によっては、身元を変え、外国に住居を用意するなど、あらゆる種類の手段を行使します。

　1つの有名な例を申し上げます。何年か前に、ある一人の上級警察官が王立委員会の調査において、多くの警察官や犯罪者に関して証言しました。彼が証言をしている間、当該上級警察官はシティの秘密の場所に匿われました。証言が終わると直ちに、彼と彼の家族は新しい身元を用意されたうえで、国外脱出しました。それほどドラスティックあるいは深刻でなくとも、時には

法廷での証言が終わるまでの間、個人的に保護下においておけばよい場合もあります。したがって、それぞれの事件ごとに、訴追あるいは捜査の対象となっている者から受ける危険がどの程度かによって、差異が生じるのです。

■被疑者取調べについて

[Q] 取調べの時間が4時間とされたのは、いつからですか。それはビデオ録画の導入と関係があるのですか。すなわち、ビデオ録画の導入の影響を受けているのですか。また、ビデオ録画導入以前は取調べ時間はどのくらいだったのですか。

[A] 取調べ時間が4時間になったのは、1998年頃からだと思います。録画の導入との関係、あるいは影響ということについてですが、取調べの時間が4時間とされた時点では、すでに取調べのビデオ録画は導入されていました。私の記憶によれば、ビデオ録画は1991年に導入されました。

　　取調べ時間が4時間になる以前には、時間制限はありませんでした。警察官には、被疑者を合理的に可能なかぎり速やかに裁判所に引致する義務が課されていました。そこで、それぞれの事件の状況ごとに、何が合理的か合理的でないかに関して、多くの議論がなされました。あまりにも多くの議論が起きたために、政府が時間制限を設ける決定をしました。

[Q] ビデオ録画の導入が、取調べの制限時間を短くすることについて影響を与えたのですか。

[A] その2つの問題は別個であると私は考えます。警察が自白を得ることを期待して不当な働きかけをする事態がビデオ録画導入によって終結させることができたのです。

　　これと時間制限の問題は別です。

[Q] 4時間になる前は、一般的にそれよりも取調べは長かったのですか。それともだいたい4時間くらいだったので、時間制限を4時間としたのですか。

[A] 取調べ時間は、事件ごとに、まったく違っていました。

　　実際のところ、ビデオ録画が導入されてから、取調べ時間は以前よりも長くなったでしょう。というのも、警察はもう何も書き取る必要がなくなり、真に詳細な事項すべてについて被疑者に質問する機会を手に入れたからで

す。ですから、現在では取調べの反訳は何頁も何頁もあります。実際に、私は1960年代に法曹の道を歩き始めたわけですが、時に、1枚の紙の上半分に自白が記載されていて、下のほう、末尾に署名がなされているという供述調書もありました。当時多くの事件において、それらの自白はまったくのでたらめであったわけですが。

〈補足〉コンロン氏――以前のシステムでは、取調べでタイプ打ちを担当した警察官が3頁か4頁タイプしなくてはいけないのを嫌がって短くしてしまったこともありました。

[Q] 録音・録画による取調べの記録化が導入される以前には、取調官による自白の強制があり、その結果誤判も多かったというお話ですが、導入前に誤判が生じたことは、公式に確かめられているのですか。

[A] それは数多くの方法で確定されています。個々の事件では、時には被告人が法廷で、警察による誤った取り扱いを受けたことについて供述することが可能でした。裁判官は、自白が任意になされたものではないことを理由に、当該自白を証拠から排除することもありました。しかしまた一方で、警察王立委員会（Police Royal Commission）により実施されたものを含む様々な調査において、警察官自身が自分の犯した誤った取り扱いを認める証言をしました。全ての警察がこの種の行動を取っていたわけではありません。それでも、高等法院が政府に対し、この問題についての懸念を表明し、ビデオ録画の導入を勧告するには十分でした。

[Q] 不適切な取調べの結果得られた自白に基づく誤判は、その後、再審等で是正されたのでしょうか。

[A] ここオーストラリアでは、誤判を検討する手続があります。それは2段階に分かれています。まず最初の段階では、法務総裁が事件を再検討します。法務総裁は、裁判所が当該問題を再度取り扱うに値するような適切な根拠が存在するかを見ます。決定するにあたり、法務総裁は訴追側に起訴状や報告書を提出させ、また公判記録を入手します。こうして、法務総裁が従前の有罪判決をもたらした手続に懸念が存在することにつき納得した場合には、事件を控訴院に移送します。移送を受けた控訴院は、通常の事件同様に処理し、有罪判決を覆したり控訴を棄却したりします。こうしたことは年間を通じて行われています。

警察王立委員会の調査に続けて、数多くの有罪判決が覆りました。これには、警察王立委員会において、警察官が自らの不適切な行動を認めたことが影響を与えました。ですから私たちは、これらの事件が再度検討されるべきであり、過去の判決が覆されるべきであることにつき、同感であります。なぜなら、これらの事件では、警察官が誤った行動を取ったことについて非常に明白な証拠があり、したがって有罪判決は妥当ではない（unsafe）からです。

■取調べ可視化の展望

[Q] われわれが取調べ可視化を実現していくために、あなた方が取調べの可視化を実現された経験から、何をすべきかの助言をいただけないでしょうか。
[A] 取調べの可視化が実現するにあたって、私たちは最も上位にある裁判所から強力な支持を得ました。ですから、政治家にとってこの問題に対応して条文を設けることが多少容易になりました。

　また、法曹や被疑者の権利に関心を持つ団体からも、政治家に対して圧力がかかりました。時が経つにつれて検察官たちからも、そして次第に警察からも圧力がかかったのです。警察全体ではなく、そのなかのいくつかのセクションから、ということですが。

　皆さんの場合は、私たちとは少し状況が違います。というのも、検察官や警察がこうした手法の導入に強く反対しているからです。また、この問題に対して裁判所が懸念を示していないということもあります。

　ですから皆さんは、法曹から、そして司法改革を進めようとするすべての団体から、圧力を加え続けなくてはなりません。国際組織からもそうです。日本が加盟している国際的な組織の力も借りる必要があります。オーストラリアのような、さまざまな法域における状況を指摘することもできます。

　念頭に置いておくべきは、少なくとも非常に重大な事件に関しては録音・

録画が必要であるとする制度は、1つの潮流として今や世界に広がっているということです。アメリカ合衆国が一例です。

ですから、あなた方の意見を支持するような、現実に起きている例を指摘することができるでしょう。また、そうした変化を支持する議員もいると思います。皆さんは、そうした議員が強い位置につくよう支援する必要があります。

代用監獄に関する報告書その他でご存じのように、こうした制度（代用監獄制度）があるために、時に非常に重大な犯罪について虚偽の自白が根拠となって有罪判決を受ける人々がいます。私は、殺人について死刑判決を受け、その後釈放された人と1994年に会いました。その人は、現実的にはその犯罪を犯すことが不可能だったにもかかわらず、自白調書に署名してしまったために有罪となったのです。皆さんは、そうした例を用いて主張を展開するべきです。

アメリカ合衆国ではDNA鑑定が有罪判決に影響を及ぼしました。同国の高官たちが死刑に対してとる立場は、見ていて興味深いものがあります。なぜならDNA鑑定は、かつて有罪とされた被告人が無実であることを証明していったからです。そうしたことが起きて以降、同国では、死刑自体に対する懸念が増してきています。

【Q】 数年後には、あなたを日本に招待して、もっと進んだ電磁的記録をご紹介します（笑）。

【A】 どうもありがとうございます。あなたの予言が実現するように祈っていますよ。

取調べの録音・録画という問題に関して情報を得る場として、この公訴庁を選んでくださったことに謝意を表します。

■編集者紹介■

渡辺 修（わたなべ・おさむ）　甲南大学法科大学院教授・法学博士
〈主な業績〉『取調べ可視化——密室への挑戦——イギリスの取調べ録音・録画に学ぶ』（共同監修、成文堂・2004年）、『司法通訳』（共著、松柏社・2004年）、『刑事法を考える』（共著、法律文化社・2002年）、『刑事法入門』（新世社・2000年）、『刑事裁判と防御』（日本評論社・1998年）、『外国人と刑事手続』（共編著、成文堂・1998年）、『刑事手続の最前線』（編著、三省堂・1996年）、『捜査と防御』（三省堂・1995年）など。

山田直子（やまだ・なおこ）　関西学院大学法学部専任講師・法学博士
〈主な業績〉『取調べ可視化——密室への挑戦——イギリスの取調べ録音・録画に学ぶ』（共同監修、成文堂・2004年）、「刑事司法における市民参加と被拘禁者のグローバル・スタンダード〔講演翻訳〕」刑事立法研究会『21世紀の刑事施設——グローバル・スタンダードと市民参加』（日本評論社・2003年）、「本庄保険金殺人事件事例報告」季刊刑事弁護33号（2003年）、「英国刑事手続における公判前証拠開示概観」日本弁護士連合会刑事弁護センター『目撃供述と人物識別パレードに関する調査報告書』（2000年）など。

被疑者取調べ可視化のために
オーストラリアの録音・録画システムに学ぶ

2005年10月15日　第1版第1刷発行

編　者	渡辺修・山田直子
協　力	日本弁護士連合会
発行人	成澤壽信
発行所	株式会社 現代人文社 東京都新宿区信濃町20 佐藤ビル201（〒160-0016） Tel.03-5379-0307（代）Fax.03-5379-5388 daihyo@genjin.jp（代表）hanbai@genjin.jp（販売） http://www.genjin.jp/
発売所	株式会社 大学図書
印刷所	株式会社 シナノ
装　丁	清水良洋＋渡邉雄哉（Push-up）

検印省略　Printed in JAPAN
ISBN4-87798-264-7 C2032
©2005 by O. WATANABE & N. YAMADA

本書の一部あるいは全部を無断で複写・転載・転訳載などをすること、または磁気媒体等に入力することは、法律で認められた場合を除き、編者および出版者の権利の侵害となりますので、これらの行為を行う場合には、あらかじめ小社または編者あてに承諾を求めてください。

取調べ可視化をもっと知りたいときは…

GENJINブックレット42
取調べの可視化（録画・録音）で変えよう、刑事司法！
日本弁護士連合会取調べの可視化実現ワーキンググループ 編

裁判員制度の制度化に伴って、捜査過程の可視化（録画・録音）はいよいよ重要課題となった。取調べの可視化問題を、市民にもわかりやすく解説する。

800円＋税　A5判　68頁　4-87798-205-1

GENJINブックレット46
世界の潮流になった取調べ可視化
取調べの可視化（録画・録音）で変えよう、刑事司法！　Part2
日本弁護士連合会取調べの可視化実現委員会 編

捜査側は、取調べの可視化（録画・録音）は被疑者と捜査官の信頼関係を崩すとして反対するが、密室の取調べは冤罪の温床である。取調べの可視化の実現を訴える。

800円＋税　A5判　64頁　4-87798-227-2

GENJINブックレット48
可視化でなくそう！ 違法な取調べ
取調べの可視化（録画・録音）で変えよう、刑事司法！　Part3
日本弁護士連合会取調べの可視化実現委員会 編

密室で行われたすさまじい取調べ。このような違法不当な行為は、取調べの可視化（録画・録音）でなくすことができるのではないか。鹿児島で起こった事件を題材に考える。

800円＋税　A5判　72頁　4-87798-257-4

現代人文社　〒160-0016 東京都新宿区信濃町20 佐藤ビル201　電話03-5379-0307　FAX03-5379-5388　http://www.genjin.jp